JN217573

皇后四代の歴史

昭憲皇太后から美智子皇后まで

森　暢平・河西秀哉［編］

吉川弘文館

目次

第八章　発信する「国民の皇后」

〔美智子皇后・雅子妃　一九八九～二〇一八〕　井上　亮…181

はじめに

森　暢平

明仁天皇の退位の是非をめぐる議論が交わされた二〇一六（平成二八）年七月以降、天皇像だけでなく平成の皇后像もまた注目されたと言っていいだろう。美智子皇后は、災害の被災者支援に積極的な皇族として表象されている。阪神大震災でも、東日本大震災でも、美智子が積極的に被災者に話しかける場面は、皇室図像の定番と言っていい。

しかし、歴史を振り返るならば、自然災害の被災者を最初に直接励ました皇后は、まぎれもなく大正期の節子《さだこ》（貞明皇后）であった。一九二三（大正一二）年九月一日の関東大震災のとき、日光の田母沢《たもざわ》御用邸に滞在していた節子は、九月二九日、列車で上野にたどり着き、東京帝室博物館（現東京国立博物館）付近から徒歩で被災地を巡った。トタン板や蓆《むしろ》で作られたバラック小屋を慰問し、四歳の子供を抱く四九歳の女性に対し「眼が悪いの」と声をかけ、別な場所では子供に「兄弟は何人か、皆無事か」と話しかけた（『東京朝日新聞』一九二三年九月三〇日）。それ以前の時代にも、天皇皇后が災害時に侍従を災害現場に差し遣わして、救恤《きゅうじゅつ》（困っている人を救い、めぐむ）の意思を示したことはある。だが、皇后が直接被災地を訪問し、被災者を見舞うことは前代未聞であった。節子はその後も被災地を巡り、被災者に声をかけ続けた（図1は、一一月九日に日赤麻布臨時病院を見舞った節子）。余震が繰り返し起きている状況下、病院、とくに産科への慰問を重ねたが、そこには節子自身の強

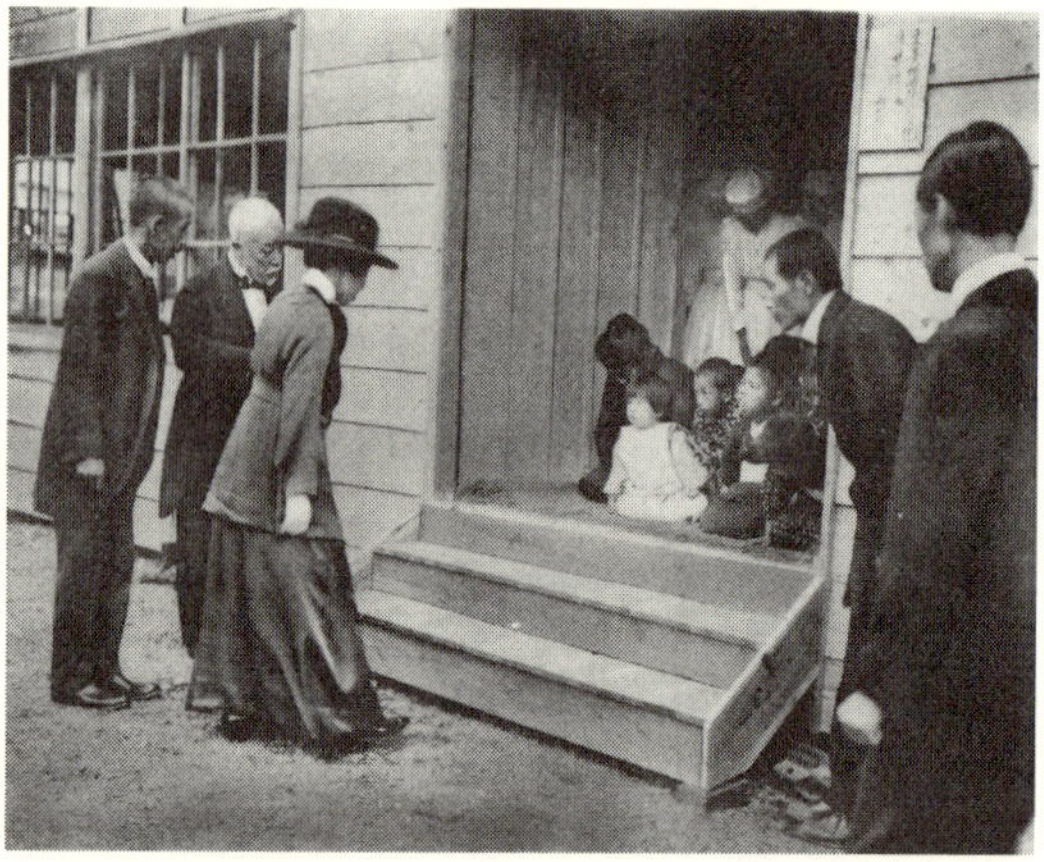

図1　関東大震災の被災者を見舞う貞明皇后（復興局編『帝都復興記念帖』復興局，1930年）

い意志があった（堀口修、二〇一四）。被災地訪問は、美智子から始まったわけではなく、救恤あるいは慈恵という行為と思想は、女性皇族と切り離せないのである。

皇后は、公務（仕事）を行う一方で、妻であり母であることが求められる。公でも私でも役割が求められ、その双方に人びとからの視線が注がれる。その私生活で、皇后（皇太子妃）に期待されることとして、世継ぎたる男子を産むことがあるだろう。現皇室と同時代を生きる私たちは、雅子妃の苦しみの経験をよく知っている。しかし、これもまた歴史を振り返れば、さまざまな出来事があった。たとえば、明治期の皇太子・嘉仁《よしひと》（のちの大正天皇）は当初、別の婚約者がいた。伏見宮禎子《さちこ》である。一八九三年、嘉仁一三歳、禎子七歳のとき、婚約がなった。ところが、一八九九年、禎子の右胸に水泡音が聞こえ、肺結核の疑いから婚約は解消となった。肺病自体が問題なのではなく、結核が不妊という結果を引き起こす可能性が問題となったのである。侍医、橋本綱常《つなつね》が、禎子では子供ができないと強硬に主張。「〔もし間違っていたら〕腹を切る」と言い切り、明治天皇まで説得した。結果的に、皇太子妃候補は、（九条）節子に代わり、節子は四人の男児を産む。のちの宮内大臣、牧野伸顕《のぶあき》は、「皇室の御繁栄は橋本綱常君の御蔭《おかげ》である」とまで述べたという（貞明皇后実録編纂資料・関係者談話聴取（控）一九六五年、荒井恵・山川一郎の談話）。ここから皇太子妃にもっとも求められたことは、健康な「世継ぎ」を産むことであることが分かる。その意味では、つぎの皇太子妃、良子《ながこ》（のちの香淳皇后）がからむ宮中某重大事件も同様に、健康な「世継ぎ」をめぐる暗闘であったといえるが、そのことは第三章に譲りたい。

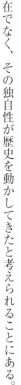

本書は、皇后の役割とは何かを歴史的に考えるため執筆された。周辺諸学の助けを得ながら歴史学の立場から近現代の皇后を振り返り、皇后の「いま」を考えるよすがにしたいというのがその狙いである。歴史を振り返ることは、「いま」をより相対化するメリットがある。しかしながら、現代日本史学において、皇后の研究が活発に行われたとは言いがたい。本書末のブックガイドでこれまでの研究が紹介されるが、膨大な天皇研究に比べれば、皇后研究の数は少ない。政治・軍事における、あるいは象徴としての役割が明文化されている天皇に比べれば、皇后が歴史の主役となることは少ない。そうしたなかで、皇后を研究する意味は、天皇を補完するだけの存在でなく、その独自性が歴史を動かしてきたと考えられることにある。

◇

ここまで、本書が扱う皇后たちを紹介することなしに書き進めてしまった。ここで本書の登場人物の紹介に移ることにしよう。近現代には、美子《はるこ》（明治）、節子（大正）、良子（昭和）、美智子（平成）と四人の皇后がいる。

明治期の皇后が、のちに昭憲《しょうけん》皇太后とおくり名される美子（一八四九～一九一四年）である。美子は京都の五摂家のひとつ一条家に生まれ、歌や学問に秀でた聡明な女性であった。一八六八（明治元）年、睦仁《むつひと》（明治天皇）とむすばれ、皇后となった（一九歳）。その後の美子は、新しい皇后像を試行錯誤しながら一から作りあげていった。それは、慈善事業であり、殖産興業であり、女子教育奨励であり、外国交際である。明治期の宮中は一夫一妻多妾という天皇の伝統的な家族関係のなかにあり、自分では子どもを設けることができなかった。六三歳のとき（一九一二年）、睦仁が逝去し、皇太后となったが、二年後、美子もあとを追うようにこの世を去った。没年六四歳。

なお、明治天皇の先代、孝明天皇の正妃は夙子《あさこ》（一八三四〜九七年、おくり名は英照《えいしょう》皇太后）である。やはり五摂家のひとつ九条家出身である。孝明天皇の逝去時、三二歳。一八九七年まで存命のため、本書に何回か登場するが、主要な分析対象ではない。

大正時代の皇后は、貞明皇后とおくり名される節子（一八八四〜一九五一年）であり、夙子と同様、九条家に生まれた。生後まもなく、東京近郊の高円寺村の農家に里子に出され、四歳まで武蔵野の農村で育つ。一九〇〇年、一五歳のとき、皇太子嘉仁と結婚。皇太子妃時代はおよそ一二年であり、二八歳で皇后となった。この間、嘉仁との間に四人の男児をもうけ、長男が裕仁《ひろひと》（昭和天皇）である。四二歳のとき（一九二六年）、嘉仁が亡くなり、その後二四年間、皇太后の地位にあり、祈りの日々を送った。没年六六歳。

昭和時代の皇后は、香淳皇后と呼ばれることになる良子（一九〇三〜二〇〇〇年）である。良子は、久邇宮《くにのみや》家の出身。先々代、先代と異なり、生まれながらの皇族である。一四歳のとき（一九一八年）、皇太子妃となることが決まり、宮中某重大事件に巻き込まれ婚約の辞退の瀬戸際まで追い詰められた。だが、二〇歳のとき（一九二四年）に裕仁と成婚。皇后となったのは、二三歳のとき（一九二六年）である。四人連続して女児を産んだため「女腹」などと陰口を叩かれたが、その後、明仁、正仁《まさひと》（現・常陸宮）の二人の男児をもうけた。戦争中は銃後を守る女性の、戦後は民主主義の新しい女性のモデルとなった。しかし、積極的な発言は少なく「微笑みの皇后」とも呼ばれた。八五歳のとき（一九八九年）、裕仁が亡くなり皇太后となった。その後は老人性の病気のため表に立つことは少なく、一一年後、九七歳でこの世を去った。歴代皇后のなかでは最長寿である。

平成の時代の皇后は美智子（一九三四年〜）である。美智子は、初の「民間」出身といわれる。民間とは、旧皇族や旧華族ではない身分、「旧平民」から皇室入りしたことを言い換えた言葉であった。日清製粉社長であった正田英三郎《ひでさぶろう》の長女として生まれ、戦争中は群馬県館林などに疎開。聖心女子大学卒業直後、明仁皇太子とテニスコートで偶然出会い、テニスを通じた交流を経て、直接のプロポーズを承諾して結婚を決意。結婚は二四歳のとき（一九五九年）で、美智子の人気ぶりはミッチーブームと呼ばれる。皇太子妃時代は三〇年と長く、皇后即位は五四歳のとき（一九八九年）であった。災害見舞いの際、膝まずいて被災者と対話する様子は平成流とも呼ばれる。二〇一九年春、明仁の退位とともに、三〇年就いていた皇后の地位を退き、上皇后という新しくできた身分に就くことが予定されている。

以上が、本書が主な検討とする四人の皇后である。さらにもうひとり紹介する必要があるであろう。次代の皇后となる雅子（一九六三年〜）である。外交官であった小和田恒《ひさし》の長女として生まれた。父の仕事の関係から海外での生活が長く、米ボストンの高校を卒業した。米国のハーバード大学卒業後、編入した東京大学を経て、外務省官僚となった。早くから皇太子妃候補と呼ばれていたが、実際に徳仁《なるひと》皇太子との結婚が内定したのは二九歳のとき（一九九三年）だ。その経歴から皇室外交の場で活躍が期待されていたが、「世継ぎ」の問題などもあり、思うように活動できなかった。三七歳のとき（二〇〇一年）、第一子である愛子を出産。しかし、現在の皇室典範では女子である愛子は皇位に就けない。明仁の退位後は、雅子は五五歳で皇后に就く予定であるが、愛子が皇太子となることはない。徳仁の弟宮である、文仁《ふみひと》が皇嗣という地位に就き、事実上の皇太子の役割を果たし、その妃である紀子《きこ》（一九六六年〜）の存在感も大きくなるだろう。

ここまで記述すると、美子、節子、良子のいずれもが二〇代までに皇后となったのと比べると、美智子、雅子が皇后となった（なる）のは五〇代半ばとかなり遅い。高齢化、晩婚化の影響もあるだろうが、若くして皇后であった美子、節子、良子と比べれば、美智子、雅子は皇太子妃時代が長く、皇后の陰で地味な役回りをしていたとみることもできよう。

◇

つづいて、本書の各章がどのような対象を扱ったのかを、簡単に紹介したい。

明治期を扱った第一章「近代化のなかでの皇后」は、多くの側室がいる宮中「奥」における美子の私的な生活をみるとともに、日本が国際社会に組み込まれ、国家と社会が近代化を目指していくなかで、皇后がどのような役割を果たしたのかを検証した。とくに福祉への取り組みは、皇室の位置づけが変わった第二次世界大戦後も続いており、美子が作りあげた皇后像は今なお影響を持ち続けている。

大正期を扱った第二章「貞明皇后の思考と行動」は、お転婆《てんば》で気性が強い女性であった節子が宮中という格式を重んじる環境で当初、苦悩しながら、先代・美子が作りあげた教育、福祉への尽力という皇后のあり方を継続していったさまを検証していく。節子は、嘉仁の不調という状況のなかで、宮中某重大事件、皇太子裕仁の外遊などの政治的出来事に主体的に関与していった。

同じく大正期であるが、皇太子妃を扱った第三章「皇太子妃良子の登場」は、国民国家の完成と、大衆消費社会の先駆的形成という二つの潮流のなか、為政者と民衆が、良子に何を求め、良子の姿に何を見ようとしていたのかを検討する。皇太子妃の選定にあたっては、多産の期待があったが、いっぽうで、民衆は良子に対し、映画のスタアに対する視線と連続する眼差しを向けていた。教化・啓蒙のレベルと世俗的な憧憬・興味のレベルという二つの視線が入り混じった場所に良子がいたのである。

昭和戦前期を扱う第四章「総力戦体制のなかの香淳皇后」は、総力戦体制のなかで、戦争への協力のためという良子の役割が強くなっていったことを論じる。慈恵主義的な良子の営みは、マスメディアを通じて「国母」による行動としてイメージされていく。いっぽう、たとえば、洋装でさえ、欧米との戦争中にあるまじき姿であるといった言説までみられ、長男である明仁を手元で育てようとした希望も叶わなかった。戦時、良子の私的領域であった家庭は、天皇制国家という「公」に包摂されていく。

占領期を主として扱った第五章「象徴天皇制への転換と香淳皇后」は、戦後、良子に対する「母」そして「妻」というイメージが前景化していった過程を論じる。それらは戦時中のイメージの継続・残存であったとも言えるが、新しい日本の女性の象徴として、皇族の「人間」としての側面を描き出す意味を持っていた。それは、戦前の家族制度が廃止された後の新たな夫婦関係を示すものとして捉えられ、人びとが目指すべき模範であったのである。しかし、そこでの良子像は、あくまで天皇に寄り添う形で、一人の主体として描かれてはいなかった。

第五章の議論を受け、昭和二〇年代後半から三〇年代を扱った第六章「香淳皇后と美智子妃の連続と断絶」は、復興を果たしつつある日本において、良子のイメージが次第に古くなっていく過程、およびそこに新星のように現れた美智子の人気を論じていく。良子は、戦争の記憶や復興への歩みを共有する世代からの共感を受けてきたが、高度経済成長のとば口における新しい世代の登場とともに、次第に古さが目立つようになる。そこに登場した美智子は、人びとに近づこうとする積極的な行動と発言でブームを起こし、新しい女性皇族像を打ち出していく。

つぎの時代を扱う第七章「高度経済成長期の香淳皇后と美智子妃」は昭和後期の二人を検討する。良子、美智子のその時々の活動は注目されるものの、皇室それ自体が国民の関心時から外れていく過程を検証していく。訪欧、訪米など裕仁と一緒の良子の活動は関心を集めるが、転倒による腰の骨折で、次第に活動の一線から退いていく。いっぽう美智子は、皇室外交、沖縄への取り組み、福祉への関心など地道な活動を続ける。やがて、それは、皇后に即位した後の「平成流」として受容される過程でもあった。

平成の時代を扱った第八章「発信する『国民の皇后』」は、皇后となった美智子が、親しみを「資産」とし、災害被災者を見舞い、戦没者を慰霊するなどの活動により、人びとから敬愛の感情を受けている現状を論じていく。平成における象徴行為は、天皇と皇后による「双頭」で行われていることが特徴である。いっぽう、次代の皇后である雅子は、皇位継承資格のある男子を産む重圧から療養生活に入っていく。「国民の皇后」としての象徴性の培養と準備が整っておらず、それゆえにバッシングを受けることは皇室が非人間的な場所であるというイメージを広げかねない。なお、第八章は、皇室を取材するジャーナリストである井上亮によるものであり、歴史史料を使用した他の章とは、若干趣が違う印象を受けるかもしれない。歴史学は同時代を扱うことが難しく、この章はベテラン記者の手をお借りした。

◇

ブックガイドでも紹介するが、四人の皇后のうち、美子については、宮内庁書陵部が編修した記録が、明治神宮監修『昭憲皇太后実録』（吉川弘文館、二〇一四年）として刊行された。また、節子については、同じく書陵部による「貞明皇后実録」が完成しているが、公刊はされていない。閲覧するには、宮内庁宮内公文書館に出向く必要がある。これらを利用した研究が増えつつあるが、良子以下の「正史」はまだ存在しない。編者（森、河西）を中心に、現在、良子および美智子の研究が始められているが、まだまだ緒に就いたばかりである。本書は、どちらかといえば、良子、美智子を中心に編集されているが、現在の研究状況を反映したものと理解いただきたい。本書は、皇后の研究の重要性を世に問うものであるが、「皇后学」といえるほどのレベルに達するには、今後の積み重ねが必要である。本書がきっかけとなり、皇后の歴史に関心をもつ人が増えれば、編者・執筆者の望外の喜びである。

なお、本書では、史料を紹介する際、旧字体を新字体に改め、句読点を補った場合がある。それぞれの皇后の表記は、貞明皇后、香淳皇后……とおくり名を記述した章と、美子、節子、良子、美智子……と名前で記した章がある。それぞれの章の執筆者の考えを重視した結果であり、了解いただきたい。

〈昭憲皇太后　一八六八〜一九一四〉

第一章　近代化のなかでの皇后

真辺美佐

はじめに

今日、皇后の顔を見たことがない、という人はほとんどいないのではないだろうか。テレビやインターネット、新聞や雑誌など、どこかで自然に目に入ってくることも多いだろう。そしてまた、天皇と皇后とが一緒に並んでいる姿もまた、見慣れたものであるに違いない。

しかし、明治初期までは、皇后が人々の前に姿を現すことはなかった。皇后が、人々の前にその姿を現すようになったのは明治時代以降で、まだ一五〇年とたっていない。しかも、明治時代には、皇后が天皇と一緒に行動することは極めて少なく、二人一緒に写真に写ることは一度もなかったのである（図2）。

江戸時代までの皇后は、宮中奥深くに座して表に出ることすら少なく、ましてや天皇と一緒に表立って行動することはなかった。例えば、宮中の年中行事の一つである御《ご》会始《かいはじめ》（歌会始《うたかいはじめ》）も、中宮御会として天皇の歌会始とは別に催されていたりもした。

しかし一九世紀半ば、日本が国際社会に組み込まれ、国家や社会が近代化を目指していくなかで、皇室のあり

図2　和装写真と洋装写真（宮内庁所蔵）

方は大きく変容していくことになる。外国との交際も本格的に始まった。学校や工場、病院などの近代的施設も整備された。そうした時代のなかで、国家元首としての天皇はもちろんのこと、その妃である皇后も、それまでとは異なり、時代に応じた姿勢を示すこととなっていくのである。

本章では、最初に、従来辞典などで記述の異なっている部分も多い皇后の正確な履歴を確認し、その上で、近代化を推進するなかで、皇后はどのような立場に置かれたのか、また皇后はどのような考えのもと、どのような行動を取っていくのかを、皇后の周りの人たちや国民との関係も踏まえながら検討し、皇后の果たした歴史的役割や意義について述べることとしたい。

なお、明治天皇の皇后は、崩御後、「昭憲皇太《しょうけんこうたい》后《ごう》」と追号されるが、対象とする大部分の時代においては、皇太后ではなく皇后であり、当然ながら追号もまだ存在しないことから、以下では、

「皇后」あるいは「美子《はるこ》」と表記したい。また年月日の表記については、明治の改暦（明治五年一二月三日）前の月日は、史料の日付と対応すべく旧暦（太陰太陽暦）の月日を用いる。また本文中、特に典拠を示していない場合は、『昭憲皇太后実録』『明治天皇紀』に拠っている。

一　履歴の混乱

本節では、まず皇后の履歴について述べたい。というのは、生年や名前など基本的な内容が、伝記や辞典などの文献のなかで諸説分かれていたり、誤っていたりするからである。こうしたことが起きる背景には、後述するように、前近代から近代への移行期特有の性格が関係しているわけだが、そのことも踏まえ、正確な履歴を整理しておくことは、近代最初の皇后の特徴を窺う上で重要だと考えるからである。以下、煩雑を避けるため逐一註記はしないが、本節は『神園』一二号所載の米田雄介氏の文章に拠るところが大きい。

生　年　皇后は、従一位・左大臣一条忠香《ただか》の第三女として京都で誕生した。生母は、一条家の典医であった新畑大膳種成《しんはただいぜんたねなり》の女民子《たみこ》で、養母は、伏見宮邦家《くにいえ》親王の息女順子《じゅんこ》である。

まず生年であるが、一八五〇（嘉永三）年四月一七日と書かれているものと、一八四九（嘉永二）年四月一七日と書かれているものとが存在する。一八五〇年は、宮内庁書陵部が所蔵する皇后の戸籍（以下「皇統譜」と記す）に準拠している年次であり、また昭憲皇太后を祀る明治神宮が公表している年次でもある。一方、一八四九年は、宮内庁書陵部編修課による『昭憲皇太后実録』が、生家の一条家関係の記録にもとづいた年次である。伝記や辞典などの文献は、いずれかに拠ったものと思われるが、結論から言えば、どちらも誤りではない。

図3　昭憲皇太后関連系図

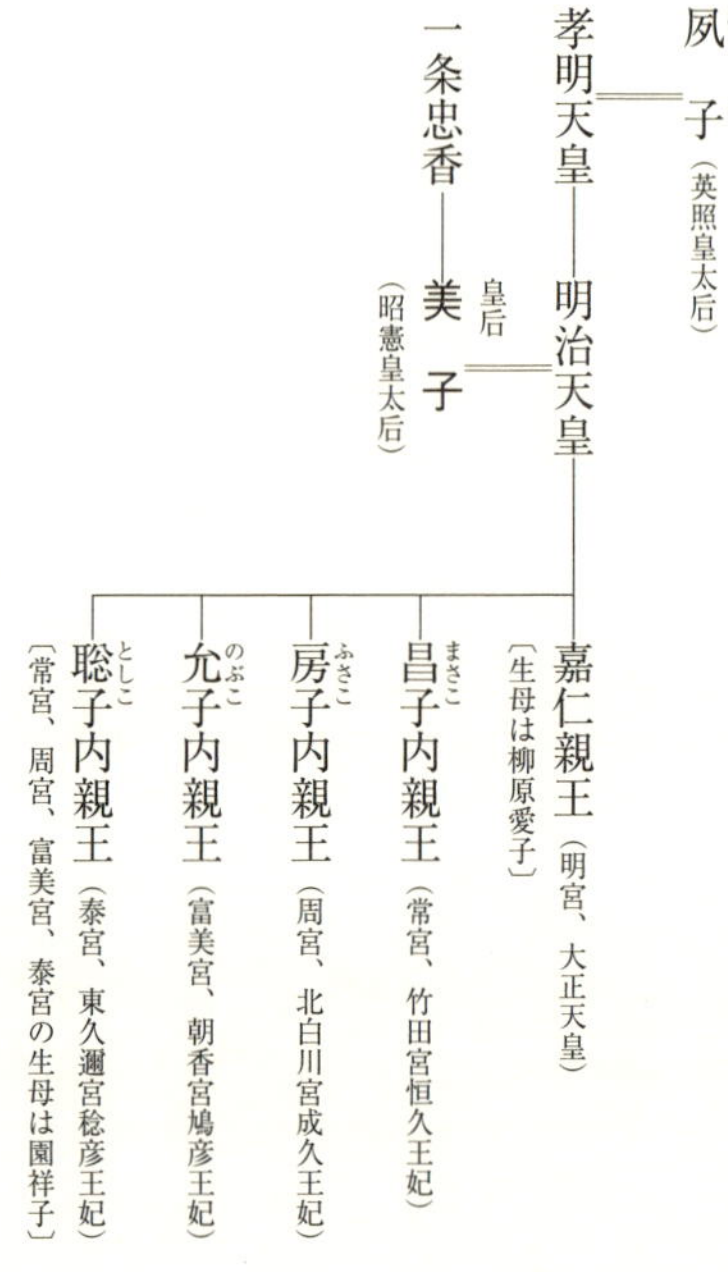

孝明天皇の崩御後、新帝の女御《にょうご》にすべく内意があったのは、一八六七（慶応三）年五月一四日であるが、この時、帝より三歳年上であることが問題となったようである。当時の民間習俗的な考えから、三歳年上は天皇の年齢を一つ目とすると四つ目の数字であり、「死」を連想させることから、新帝への災いをおそれたのであった。天皇にお目見えするため参内する前の六月二日、摂政の指揮により生年を一歳繰り下げることとした。つまり、一八五〇年という年次は、公式記録を重んじた年次であり、一八四九年は、実際の生年を重んじた年次である、ということなのである。

御七夜　誕生から七日目、「御《お》七夜《しちや》」という命名の慣習が古来よりある。その御七夜について、「皇統譜」では、誕生七日後の（嘉永三年）四月二三日に、勝子《まさこ》と命名されたと記されている。一方、『昭憲皇太后実録』では、誕生七日後の（嘉永二年）四月二三日に、富貴君《ふきぎみ》と命名されたと記されている。そして、勝子という名前は、女御の内意があった後、一八六七（慶応三）年六月二二日に内定した実名で、七月一日には、その名前が生家の一条家より諸家に披露されたとある。つまり、富貴君という名前は、幼少時の通称で、勝子という名前は、成人後の本名だというのである。

こうした記載の違いもあってか、伝記や辞典などの文献では混乱が生じており、誕生時から、勝子とするものがあったり、誕生から一年と七日後に勝子と命名されたとするものがあったりする。

では、なぜ「皇統譜」と『昭憲皇太后実録』とで記載が異なっているのかということであるが、これについても前近代（江戸時代）から近代（明治時代）への変化が関係してくる。江戸時代には、御七夜には、幼少時の通称が命名されるのが常であったが、明治時代になると、幼少時の通称と、成人後に用いられる名前が同時に命名されるようになったのである。つまり、江戸時代の御七夜には、成人後に用いられる名前が命名されるということはなかった。つまり、「皇統譜」は明治期以降に編纂されたものであることから、江戸時代に生まれた皇后であるにもかかわらず、明治期以降の慣例にしたがって誤って記載してしまった。これと同様に記述している伝記や辞典類も誤りである。

幾つもの名前　ここで御七夜後の名前についても述べておきたい。御七夜後、名前が幾度も変更されているのだが、こうしたことにも時代の特徴が現れている。御七夜に、幼少時の通称として、富貴君と命名されたわけだが、一八五八（安政五）年、数え年一〇歳のときに、孝明天皇の第二皇女が誕生し、その内親王が「富貴宮《ふきのみや》」と称されることとなった。そこで六月二九日、富貴君を寿栄君《すえぎみ》と改称した。つまり、女御に内定した頃には、寿栄君と呼ばれていたということになる。そして、先述したように一八六七（慶応三）年に女御の内意があった後、勝子という実名が定められるのである。

それから約一年半後の、一八六八（明治元）年一二月二八日、ようやく大婚《たいこん》（天皇の結婚をそう呼ぶ）が行われた。その二日前、皇后に相応しい名前にすべく、勝子という実名は、美子《はるこ》に改められ、併せて従三位に叙せられた。これほど多くの名前で呼ばれていた皇后は、美子以降、今に至るまでいない。

入内の儀　一八六七（慶応三）年五月一四日、天皇から女御とすべき旨の内意があり、御目見のため参内するように伝えられ、六月二七日参内した。その翌日、女御に治定《じじょう》し、それ以来、「女御御方《にょうごおんかた》」と称されるようになった。しかし、治定とは内定に過ぎない。天皇から宣旨《せんじ》が下されて、正式に女御となる。これを女御宣下というが、女御宣下が行われたのは、それから約一年半後の一八六八（明治元）年一二月二八日のことである。

この女御宣下の日付についても文献のなかで錯綜が見られる。例えば「皇統譜」では、参内翌日の治定の日（六月二八日）に女御宣下が行われたと記載されているが、これは誤りである。実際には一八六八年一二月二八日で、その日、一条家の住まいから宮中へと移り（入内の儀）、それから女御宣下が行われ、その上で皇后に冊立された（立后冊命の儀）。それ以前には入内と女御宣下が同日に行われることはなかった。しかし、「王政復古」が宣言された直後であり、急いで皇后を冊立する必要があった。そのため、皇后冊立前に、女御宣下を行うこととなり、異例ではあったが、入内と同じ日に行ったというわけである。

この後、女御は廃止されるため、女御宣下が行われたのは、これが最後となる。しかしながら、先述したように、この時の女御宣下と入内は、前例をすべて踏襲したわけではなく、時代状況のなかで臨機応変に行われたのであった。また、大婚もその後行われておらず、大正天皇、昭和天皇、今上天皇、いずれも皇太子時代に結婚の儀が行われている。

追　号　時代は下り、一九一二（明治四五）年七月二九日、天皇が崩御し（七月三〇日発喪）、その翌日、皇太子嘉仁《よしひと》親王が践祚《せんそ》すると、皇太后となった。その二年後の一九一四（大正三）年の四月九日、沼津御用邸で静養中に崩御（四月一一日発喪）し、五月九日「昭憲皇太后」の追号が贈られた。

この追号が、文献の表記に種々混乱を来している。つまり後年、明治期の皇后を指して「昭憲皇后」と記すものが存在するが、追号は、固有名詞に相当する称号であって皇太后の称号と切り離すことはできず、その固有名詞を改変して「昭憲皇后」と表記するのは正確には誤りである。

しかし、先帝の追号が「明治天皇」であることから、それにあわせて「昭憲皇后」と表記したい衝動に駆られる気持ちも分からなくはない。また、一八八九（明治二二）年制定の皇室典範では、皇太后の身位は皇后より上であったものの、明治天皇崩御二年前に制定された一九一〇（明治四三）年の皇族身位令では、皇后の身位が皇太后より上と改められており、生前の最高の身位をもって追号が贈られるのを原則とするならば、皇太后と称するよりも皇后と称した方が本来的には正しかったからである。

大正天皇や昭和天皇の皇后が崩御された際には、それぞれすでに皇太后になっていたにもかかわらず「貞明皇后」「香淳皇后」と、生前の最高位として皇后の称号とともに追号が贈られている。そのように、本来であれば、皇后の称号とともに追号が贈られるべきところ、当時の宮内大臣波多野敬直《はたのよしなお》が、追号を皇太后としたまま、大正天皇の裁可を仰ぎ、そのまま追号が贈られてしまったのである。要するに、誤って追号が贈られたわけだが、正規の手続きを経て追号され、その後変更の手続きを経ていない以上、固有名詞を改変して表記するのは誤りとなる。一方、もし貞明皇后を貞明皇太后と、香淳皇后を香淳皇太后と表記するならば、それも誤りとなる。

いずれにせよ、明治維新以降の皇室制度の変化のなかで、こうした追号の混乱も起こったのであった。

二　「奥」の世界

本節では、天皇の私生活の空間である「奥」の世界で、皇后がどのような立場にあったのか、そのなかでどのような行動を取ったのか、皇后の実像に迫りたい。

女官制度の改革　維新当初、天皇の周りに侍ることが可能なのは、昇殿を許された公卿と女官たちだけであった。しかし、そうした人々には、先帝以来の先例を墨守しようとする保守的な人が多く、政府が皇室の国際化・近代化を進めていく上では何かと不都合であった。そこで一八六九（明治二）年から順次宮中改革を行っていく。天皇の公的な空間を「表」とし、私生活の空間を「奥」あるいは「お内儀」と呼び、「表」の世界と連動して「奥」の改革を行った。ここでは紙幅に限りがあるため、「奥」の改革に限定して述べたい。

一八六九年七月八日、皇后に関する事務を掌る部署として、従来の中宮大夫以下の宮司、中宮御所伺候《しこう》を廃止し、皇后宮職が設置された。一〇月二四日には、皇后は東京の皇城に移居するが、その前の一〇月一二日、女房《にょうぼう》の呼称や、奥の取締りを担っていた長橋《ながはしのつぼね》局が廃止され、女官の名称や人員が整理された。

さらなる宮中改革が必要だとして、参議の西郷隆盛《たかもり》は、木戸孝允《たかよし》・大久保利通《としみち》と相談し、右大臣三条実美《さねとみ》・大納言岩倉具視《ともみ》に改革を促したため、一八七一年八月一日、従来の女官の多くが罷免された。典侍《てんじ》は典侍・権典侍、掌侍《しょうじ》は掌侍・権掌侍のみの呼称とし、大典侍という呼称は廃止され、先帝以来の女房であった大典侍広橋静子・高野房子《ふさこ》が典侍に任命された。その日、皇后の前で、宮内大輔万里小路博房《までのこうじひろふさ》は女官たちに辞令を授与した。以降、女官は皇后の命令によって勤務すること、これまでのように出自は公家に限らないこと、結婚も自由であることなどが言い渡された。ただし、以降も、公家以外から採用された者が典侍・権典侍、掌侍・権掌侍となることはなく、通訳や和歌など特殊な能力のある者以外はそれらより下の命婦《みょうぶ》止まりであるなど、厳然とした身分差は存続した。

また広橋・高野ら先帝以来の女房は、改革の趣旨をわきまえず、依然として権勢を誇り、皇后の命令に従わないことすらあった。こうした事態を宮内卿徳大寺実則《とくだいじさねつね》・侍従長河瀬真孝《まさたか》・宮内大輔万里小路博房・宮内少輔吉井友実《ともざね》らは憂い、一八七二（明治五）年四月二四日、三度目の改革を断行し、広橋・高野始め総勢三六名が免職される。ここに女官制度の刷新が完了、以降、皇后は天皇の私生活空間「奥」の世界を主宰・統括する存在となったのである。

側室という存在　明治期までの天皇には側室（侍妾）がいるのが当たり前であった。一八七一（明治四）年以降の女官制度では、おおむね権典侍がその役目であった。一八七三年に第一皇子を出産する葉室光子《はむろみつこ》は一八六七（慶応三）年から、同じ年に第一皇女を出産する橋本夏子《はしもとなつこ》は一八六八（明治元）年から出仕していた。また柳原愛子《やなぎわらなるこ》は、当初掌侍として皇太后（英照《えいしょう》皇太后）に出仕していたものの、一八七三年から権典侍《ごんのてんじ》となった。その頃、皇后がまだ二〇代前半だったことを考えても、側室という存在は、子孫をつくるためのやむをえざる存在というよりも、ある種当然の存在であったということがわかる。

なお、光子、夏子の産んだ子はいずれも死産で、本人たちも後を追うように逝去した。また愛子は、一八七五年には第二皇女を、一八七七年には第二皇子を出産したが、いずれも早世した。一八七九年には第三皇子を出産し、その皇子が嘉仁親王（大正天皇）となるわけだが、出産時は非常に難産で、愛子は侍女や看護婦が暇を取るほどのヒステリー症状を起こし、出産後は寝所の務めを断ることになったという。代わりに千種任子《ちぐさことこ》、小倉文子《おぐらふみこ》、園祥子《そのさちこ》がその役目を担い、任子は二女を、祥子は六女二男をもうけるも、成長したのは、祥子が出産した四人の女子のみであった。

皇后が、こうした側室の存在をどのように考えていたのか、知るすべはほとんどないが、伊藤博文の二女・生子《いくこ》が末松謙澄《すえまつけんちょう》と結婚する際、挨拶のため皇后に拝謁した時、皇后は「女は他家に嫁いだら辛抱が肝要である」と言ったというが（末松謙澄『修養宝鑑明治両陛下聖徳記』博文館、一九一九）、この言葉に若干の気持ちがあらわれているようにも思える。

皇后は、権典侍が懐妊し、内着帯や着帯、出産のときには、必ず祝品や料理などを贈っている。夏子が重体に陥ったときや、愛子の産後の肥立ちが悪く、床に就いたときなどには、しばしば見舞うなどして細やかな心遣いを見せた。任子が第三皇女を出産するときには、巡幸中の明治天皇に親書で伝えるというような心配りも示している。

早世した子の祭祀には必ず花を供え、成長した子の命名・初節句・箸初《はしはじめ》・初誕辰《はったんしん》（初めての誕生日）などには必ず祝品を贈った。一八八七年八月三一日、嘉仁親王を儲君《ちょくん》に治定するにあたっては、親王を皇后の実子と定め、他の皇女も同じく実子としたが、皇后は、嘉仁親王や皇女に対して実母のように接し、特に生来病弱であった嘉仁親王の快復祈願は、神仏区別せずに行ったほどであった。

なお世間では、皇后と側室との間に争いが起きているなどと実体のない噂話を面白おかしく話し、妾《めかけ》を持つ資産家たちは「皇后さまでさえ」と言って本妻に対し忍従を強いたという。皇后は、毎日九種の新聞に目を通すほど政治や社会の情勢にアンテナを張っており、そうした下世話な噂も、皇后の許に届いていたことだろう。しかし皇后は人の噂話をとかく嫌ったと伝えられており（明治神宮社務所編『明治天皇昭憲皇太后御逸事集』、一九二七）、そうした噂に心惑わせることもなく、側室たちに細やかな心配りを続けた。女官の間では、厳然と横たわる身分差もあって、人の失敗を喜ぶような妬《ねた》み嫉《そね》みも日常茶飯事であったと、さまざまな女官の証言が残されているが、皇后にはそうした姿は見られず、側室を含む女官たちに分け隔てなく接し、「奥」の世界を円満におさめようと心を砕いていた。

天皇との仲　後述するように、近代の皇后は、天皇とともに「表」の行事に出ることとなっていくが、今日のように、天皇と皇后が並んで公式の場に出るということは、ほとんどなかった（オットマール・フォン・モール、一九八八）。また外出先が同じでも、馬車に同乗したことは大阪行幸の折と憲法発布式典後のパレードなど、数えるほどしかなかった。というのも、明治天皇自身が、皇后と同じ馬車に乗ることをあまり好まなかったためである（同前）。このような明治天皇の態度から、奥においても、天皇は皇后に対しては威厳をもって接し、口数が少なかったのではないかと想像されるかもしれないが、実際はそうではなかったようである。明治天皇と皇后とが非常に仲睦まじかったという証言はいくつも残されている。前述した権典侍の柳原愛子もその証言者の一人である。日露戦争の折、明治天皇は参謀次長の長岡外史《がいし》から凱旋報告を聞き、その場では嬉しそうな様子も見せなかったとのことであるが、奥に入るや、すぐさま皇后にその凱旋報告の様子を嬉しそうに伝えたというのだ。

図４　山川三千子（左，『女官』実業之日本社，1960年）

皇后の方も、どんなに遅くとも天皇の奥への戻りを待っていて、そうした皇后に、天皇は表での話を色々と語っていたという。一九〇九（明治四二）年から出仕した女官の山川三《み》千子《ちこ》によれば、権典侍は御用の時や皇后の病気の時以外は、滅多に天皇の話し相手になることはなく、普段奥で天皇が打ち解けて話すことのできる相手は皇后だけであったと伝えている（山川三千子、一九六〇）。

また皇后は、蒲柳《ほりゆう》の質であったため、体調

を崩すことが多く、一九〇四年以降は、避寒のため御用邸で静養するのを常とした（一九〇五年までは葉山御用邸、一九〇六年以降は沼津御用邸）。柳原愛子が伝えるところによれば、一九〇四年の葉山静養中に、日露戦争が始まったため、皇后は帰京の意向を示したが、その体調を心配した天皇は、なかなか許しを出さなかったという。また毎年三ヵ月ほどにおよんだ沼津の療養中は、天皇の機嫌がいつも悪く、側近の者は困っていたという（山川三千子、一九六〇）。天皇は、皇后には自分より長生きしてもらわなければ困る、皇后以上の女性はいない、と常々語っていたという。静養で離れている間は、互いに一週間に一度は使を出し、明治天皇からは、使として天皇が名前を付けた人形までが贈られていたという（山川三千子、一九六〇）。このように、皇后は明治天皇にとって、人生の伴侶としてかけがえのない存在であったのである。

三　「表」の世界

近代以降、皇后は、それまでの時代とは異なり、「表」の世界へ出ていくこととなる。本節では、その「表」の世界において、皇后が、どのような立場に置かれ、どのような考えのもと、どのような行動を取ったのか、その特徴を時代のなかに位置づけたい。

一八七三年という年　先述したように、一八七二（明治五）年、女官制度の刷新が完全に行われ、すべての女官は皇后が主宰するところとなった。こうして「裏」の体制が整った翌年の一八七三年、皇后は本格的に「表」の世界へ出ていくようになる。皇后にとって、一八七三年という年は画期的な年となった。

この年、皇后は宮中行事の一環である御講書始《ごこうしょはじめ》への出御を始める。また、外国人の謁見を度々受けるようになったのも一八七三年である。学校はじめ、造船所・富岡製糸場など近代的施設への行啓も、この年に始まった。そのほか乗馬の稽古を始めたのも一八七三年であるし、黛《まゆずみ》・鉄漿《おはぐろ》、おしろいを止め、西洋料理を初めて食したのもこの年であった。この年にこのような変化が一気に起こった背後には、先述したような、「奥」の人員整理によって保守的な女官が一掃されたこと、そして、この年から太陽暦が取り入れられ、それに伴い、これまでの行事日程がすべて変更され、新しいことに着手しやすかったということが関係していたのではないかと考えられる。

教育の奨励　皇后は多くの事蹟を残したが、とりわけ教育の奨励には生涯にわたって大きな力を注いだ。

そもそも皇后は幼少のころから多くの師匠についてさまざまな学問を学び、学問に対する関心が高かった。一条家の家臣貫名正祁《ぬきなまさのり》から漢籍を、倉橋泰聡《くらはしやすとし》から筆道、近衛忠熙《このえただひろ》から歌道、有栖川宮幟仁《ありすがわのみやたかひと》親王から書道を習っており、高崎正風《まさかぜ》がその素養の高さや学問に対する姿勢をたびたび褒め称えるほどであった。

その後明治時代に入り、近代という時代に応じた教養・知識が要求されるようになり、一八七一（明治四）年、皇后は近代西洋に範を取った学問を修学し始めることとなった。修学の初期は、洋学者の加藤弘之《ひろゆき》から毎週一～二回の頻度で、欧米の歴史・風俗などの概略の進講を受けたが、自らが西洋の学問を学ぶなかで、教育の重要性を認識するようになっていく。

皇后は、特に、道徳については強い関心を抱き、学制が公布される前後には、天皇の侍読を務めていた福羽美静《ふくばびせい》に書籍『明治孝節録』を編纂させている。本書は、苦境を厭わず孝義節操の行動を貫いた者たちの伝記短編集であり、本書が完成した後、皇后は、これを皇族・大臣以下勅奏任官・宮内官・麝香間《じゃこうのま》祗候にだけでなく、府県長官にも頒賜した。

以上のように明治初期における皇后の教育への関心は、西洋流教育と道徳教育との二つの点において顕著であ

図5　東京女子師範学校への行啓（『明治天皇紀附図』より．宮内庁所蔵）

った。

皇后による教育の奨励方法はさまざまであるが、（一）近代教育機関として設立された学校への行啓、（二）教育者などへの賜謁《しえつ》、（三）学校に対する賜金、教師・生徒などに対する賜物、（四）生徒の製作品の買い上げ、（五）教科書などの編纂・頒布、とおおよそ五タイプに分けられる。なかでも、（一）の学校への行啓に関しては、一八七三年からで一九一二年まで、合計で八二回、四〇年間にわたって行われており、他のタイプに比べて突出して多い。また（一）に併せて、（三）（四）が同時並行で行われることもあり、教育の奨励方法として、「行啓」、すなわち直接訪問するという方法が、もっとも多く選択された。

行啓先としては、一八七五年に東京女子師範学校（現お茶の水女子大学）が設立されて以降、同校には定期的に行啓するなど恒常的な関係を持つようになった。皇后は、生涯に三万首を超える和歌を詠んだといわれ、その一部は『昭憲皇太后御集』として編まれている。こうした和歌の素養も、行啓に際して活かされた。たとえば、東京女子師範学校の開業式において、令旨を賜うと同時に御歌「みがかずば　玉もかがみも　なにかせん　学びの道も　かくこそありけれ」を下賜した。この御歌は、今日でも東京女子師範学校の後身に当たるお茶の水女子大学の校歌として歌われ続けている。

なお皇后が、一八七五年から一八七六年の間に米国人ベンジャミン・フランクリンの自叙伝のなかで謳われている徳目のうち、「勤勉」の項目を「みがかずば　玉の光は　いでざらむ　人のこころも　かくこそあるらし」という御歌に詠んだということが知られるが、東京女子師範学校に下賜した御歌と非常に似通っている。フランクリン自伝は、元田《もとだ》永孚《ながざね》が皇后に進講し、皇后が傾倒したものであるが、日本の和歌にアメリカの精神を詠み込んだことは、洋学教育への関心と道徳教育への関心とが、融合し結びついていたことを示している。

一八八五年、皇后の令旨によって華族女学校（現学習院女子中等科・高等科）が開校すると、華族女学校への行啓が一気に増える。同校は、一九〇六年に、学習院女学部として学習院に併合されるが、併合までの約二〇年の間、皇后は、合計四二回と、生涯の学校行啓数の半分近くを同校への行啓に充てている。

しかし、これほど行啓数が多かったのは、実は、皇后の求める教育方針通りの教育が行われていたからというわけではない。むしろ、教育方針は時代に応じて変遷しており、それに伴い、皇后の参観内容も変更している。初期においては、伊藤博文の欧化主義的な改革路線に沿う形で、物理・数学など理数系科目が多く含まれていた。一八八八年に西村茂樹《しげき》が専任校長になって以降は、天皇をはじめ、宮中の根強い反対論を踏まえる形で軌道修正が行われ、理数系科目が少なくなり、和文・漢文・裁縫・茶の湯・修身の科目の参観が多くなった。さらに女子高等師範学校長を務めたことのある細川潤次郎が校長になってからは、体育が重視され、初めて運動会が開催され、運動会への行啓が始まり、また幼稚園も開設され、幼稚園への行啓も始まるようになった。しかし、こうした教育内容の変化にもかかわらず、華族女学校と皇后との密接な関係には変化がなかった。皇后は、教育内容については専門家に任せ、いかなる方法であっても、女子に教育を与えること自体を尊重し、奨励していたのだということができる。

この華族女学校への行啓で特筆されることは、一八八六年、皇后が史上初めて洋装して行啓したことである。時代はいわゆる鹿鳴館《ろくめいかん》時代であり、同校も伊藤博文の方針に沿って欧化主義的路線が採られていた。宮中を近代化し、文明国として外国に認められ、外国交際を円滑に行うためにも、皇后はじめ皇族・華族の夫人が洋装化することが不可欠だと考えられた。この演出として、皇后が牽引役を引き受けたのである。

この華族女学校にも、一八八七年、皇后の御歌「金剛石」（金剛石もみがかずば 珠のひかりはそはざらむ 人もまなびてのちにこそ まことの徳はあらはるれ 時計のはりのたえまなく めぐるがごとく時のまの 日かげをしみてはげみなば いかなるわざかならざらむ）「水は器」（水はうつはにしたがひて そのさまざまになりぬなり 人はまじわる友によりよきにあしきにうつるなり おのれにまさるよき友を えらびもとめてもろともに こころの駒にむちうちて まなびの道にすすめかし）の下賜があった。フランクリンの御歌と似たところもあるこの御歌には、作曲家の奥好義《おくよしいさ》によって曲が付され、尋常小学校の唱歌として広く歌われることとなり、今日でも、学習院女子中等科・高等科、宝塚音楽学校を始めとするいくつかの学校の入学式や始業式などの学校行事で歌われている。

さらに皇后は、先述した『明治孝節録』のほかに、模範的女性の言行を集めた読本『婦女鑑』の編纂を、華族女学校校長をのちに務めることになる西村茂樹に命じた。一八八七年に完成すると、華族女学校を始めとして、全国小学校などに、学校の教科書として下賜した。以上のように華族女学校は、皇后との関係が極めて深かったために、「皇后の学校」とまで呼ばれるようになった。

なお従来、女子教育の奨励だけが強調されているきらいがあるが、皇后は女子の学校だけに行啓したわけではない。皇后は男子の学校にも赴き、幼稚園、小学校から大学にいたるまで、さらには、東京盲啞《もうあ》学校や東京音楽学校などにも行啓するなど、社会の幅広い層の教育を奨励した。このことは、明治天皇の行幸が、東京帝国大学など、エリートや軍人関係の学校などに集中していたのと比べると、皇后の教育奨励のひとつの特徴であると指摘できる。

こうした学校への行啓は、政府によって企画・立案されたものが多かったが、宮内省直轄の学校であった華族女学校には、皇后が主体的に行啓することがしばしばあった。ここにも、皇后の教育への強い関心を見ることができる。

元来蒲柳の質であった皇后にとって、度重なる学校への行啓は必ずしも楽なものではなかったはずである。しかし、日本の近代化が必要とされるなか、皇后は、教育奨励の歩みを止めることはなかった。それは、皇后が国民をリードして教育を奨励することが教員や生徒にとっての励みとなることを、皇后自身が敏感に感じていたからではないだろうか。

そして皇后自身、終生学び続けることを止めなかった。山川三千子は、皇后を「冷静で、学者肌」であったと述べ、どこの書棚に何の書物を収納しているのかをすべて把握しており、絶えず修学し続けていたと伝えている。

産業の奨励　皇后は、天皇と同じく、国家や社会の繁栄を願う気持ちを何首もの御歌に詠んだ。そうした願いは、展覧会や内国勧業博覧会への度重なる行啓で体現された。行啓先では、各地の生産物を買い上げるなどして、産業を奨励した。なかでも明治天皇が、重工業の奨励に力を入れたのに対し、皇后は、養蚕業や農業の奨励に力を入れていた点が特徴に挙げられる。

一八七一（明治四）年三月一四日、皇后は、中世以降途絶えていた養蚕を始めた。開始するに当たっては、大蔵大丞渋沢栄一を召して、種々養蚕に関する質問を重ね、岩鼻《いわはな》県島村（現群馬県伊勢崎市）の養蚕の指導者田島武平《ぶへい》を通じて養蚕婦四名を呼び寄せ、吹上御苑《ふきあげぎょえん》の一室を養蚕所に充てて、蚕種の掃き立て、桑の栽培、給桑などに携わらせたという。皇后も、蚕室に出向いては、養蚕の様子を見たり、手許で蚕を飼育したりした。

当時、日本の最大の輸出品は生糸（絹糸）であり、日本が経済的に豊かになるためにも、養蚕業を盛り立てていく必要があった。また養蚕は、古来より女性の美徳の一つとされてきており、こうした伝統的・道徳的な意義と、殖産興業という近代的な意義とを融合させ、皇后が率先して養蚕業を奨励する役割を担ったのは、自然の流れであった。

そうしたなか、一八七二年に富岡製糸場が設立された。富岡製糸場は、生糸の品質改善・生産向上をはかるため、当時最先鋭の洋式繰糸器械を備えた日本初の官営器械工場であったが、皇后は、設立の翌年に、皇太后とともに行啓し、工女たちを励ましている。

先述した通り、一八八六年以降皇后は洋装で出かけるようになるが、その服装に関しても、一八八七年一月一七日に女子の服制に関する思召書が皇后から各大臣・勅任官および華族一般に示達され、動きやすく簡素な洋服を奨励するとともに、その生地は国産を用いることを奨励した。しかしながら、国民は、国産よりも外国製品を好む傾向にあったため、輸入による国富の流出を心配した皇后は、一八九一年六月にも同趣旨の御沙汰を下した。さらに一八九四年の大婚二五年の祝典に際しても、宮中奉仕の諸官に、京都川島織物会社製の服地を下賜し、皇后宮大夫香川敬三《かがわけいぞう》を通じて、改めて国産奨励の御沙汰書を下したほどであった（渡辺幾治郎『昭憲皇太后宮の御坤徳』東洋書館、一九四二）。

またこうした養蚕業のほかにも、農業全般を奨励した。一八七三年、皇城が炎上すると、赤坂仮御所に移居するが、そのなかに水田を作り、農夫を住まわせて、稲作をさせた。皇后は、明治天皇と、時には皇太后と一緒に、播種・田植・草取り・稲刈りなどの状況を見たという。

一八七五年六月一八日も、田植えの状況を見るため、水田に出かけた。途中、雨が降ってきたため、付き添いの女官から、戻るように勧められたが、皇后は、農夫は雨風を厭わず作業を続けていると言い、自身も雨に濡れるのも構わず立っていたという。この日の視察の時間は約二時間におよび、この様子の絵が、「明治天皇紀附図」や聖徳記念絵画館（図6）に残されている。

またある時には、女官たちが農民の田植えの姿を見て、失笑をこぼしたことがあった。その際、皇后は、農作業を農民に任せて自分たちは働いてすらいないことを申し訳なく思うくらいなのに、ましてや働いてくれている農民を笑うとは何事かと、厳しくたしなめたことがあったという。

今日では、天皇自らが田植えや稲刈りを行い、皇后が単独で農業を奨励するということはなくなったが、明治期においては、それは皇后の役割でもあり、皇后も主体的に農業に向きあっていたことがうかがえる。

社会福祉に尽力　明治政府は、貧民・窮民に対する社会政策に消極的であった。国家財政に余裕がないうえに、貧民・窮民の救済は、民衆を怠惰に導き、自立心を阻害するという意見が多かったからである。そうしたなか、皇后を中心として皇室は、東京慈恵医院・日本赤十字社・愛国婦人会・福田会育児院・岡山孤児院などの社会福祉施設に積極的に関わって、それら事業を支援した。

特に今日でも皇室と関わりの深い日本赤十字社は、一八七七（明治一〇）年の西南戦争に際し傷病者を救護することを目的に設立された博愛社に淵源を有する。この博愛社時代から、皇后は経済的な支援を行っていたが、

図6　田植えをご視察（「皇后宮田植御覧」近藤樵山画，明治神宮外苑・聖徳記念絵画館所蔵）

一八八七年、日本赤十字社と改称した際、欧州各国の赤十字社が王室の保護下にあることにならい、日本も同社を皇室の保護下に置いた。これ以降、毎年金員を賜い、厳寒の折には入院患者に衣服を下賜し、また病院建築費や敷地の貸与まで行った。磐梯山の噴火、トルコ軍艦の遭難、濃尾震災などの人災・天災が起きたときにも、援助を行った。また皇后は、毎年の総会にも出席し、令旨を賜うのを常とした。

日清戦争中には、皇后は、手製の包帯などを日本赤十字社を通じて傷病兵にたびたび下賜した。このように皇后が赤十字事業に寄与していることを聞いたフランスの赤十字社婦人協会は、各種包帯などの治療具見本や戦時看護婦教科書を皇后に献上した。これらも皇后は日本赤十字社に対し参考資料用として下賜している。

皇后は、戦傷病者に対する慰問をしたいとの思いが強く、当時大本営が置かれていた広島にまで行啓する。当初それに反対していた明治天皇を説得しての行啓であった。皇后は同所で、日本の負傷者だけではなく、清国（中国）の負傷者までも見舞い、義手や義足を下賜した。なお、下賜した義手・義足については、その後の義手・義足の状態を調査させ、修補が必要な場合は費用を下賜するなどの配慮も示した（前掲『明治天皇昭憲皇太后御逸事集』所収の石黒忠悳《ただのり》談話）。

日露戦争に際しても、戦死者遺族・廃兵の救護を目的に設立された愛国婦人会に対し、援助金を下賜し、また日本赤十字社にも、金員を下賜した。さらに傷痍軍人には包帯を下賜し、日本人であろうとロシア人であろうと関係なく義眼や義手・義足を下賜した。なお日露戦争の折には、皇后は体調を崩すことが多くなり、直接戦傷病者を慰問することはなかったが、代わりに侍従武官や女官などを慰問させた。

一九一二年には、国際赤十字に対し寄付金を賜い、これをもとに「昭憲皇太后基金（The Empress Shoken Fund）」が創設された。これは赤十字の平時における救護活動の先例となり、現在でも世界各国の赤十字助成のために活用されている。

四　皇后のイメージ

最後に皇后のイメージについて述べておきたい。皇后については真逆の二つのイメージが伝わっている。一つは、天皇よりも男性的で、西欧文明に順応し、社交的な側面を持つ皇后のイメージであり、もう一つは、非常に遠慮深く、細かな気配りをする女性のなかの女性というイメージである。

雄々しい性格　前者、すなわち男性的で活発なイメージの語りにおいてよく持ち出されるのは、一八八六（明治一九）年一一月二六日に、明治天皇と一緒に巡洋艦の浪速《なにわ》と高千穂《たかちほ》に試乗した際のことである。水雷発射実験を見た皇后は、「事しあらは　みくにのために　仇波《あだなみ》のよせくる船も　かくやくたかむ」との御歌を詠んだ。皇后が間近で初めて軍艦を見たのは、一八七三年、横須賀に行啓した時であるが、それ以降、皇后は単独で横浜や横須賀に行啓するようになる。

一八八六年には、病気の明治天皇に代わり、横浜から横須賀まで御召艦扶桑《ふそう》に乗り、軍艦武蔵の進水式に臨み、一八八七年には、明治天皇とともに横浜から神戸まで軍艦浪速で移動し、京都の孝明天皇二〇年式年祭に向かい、一八八八年には、明治天皇が病気のため単独で横須賀に行啓し、軍艦高雄の命名式に臨んだ。以上のように、明治天皇と一緒に、時には単独で、軍艦に物怖じもせず乗船し、視察を行った。そして天皇が、軍艦の油の臭いが苦手で、船酔いしがちであったのに比べ、皇后は、船の揺れにも平然としていたと伝えられるのである。

社交的　次に、社交的な皇后イメージとしてよく語られるのは、外国人との交わりである。一八七二（明治五）年一〇月二一日、皇后は、明治天皇の紹介で初めて外国人と対面した。その翌年からは、新年拝賀に始まり、たびたび外国人の謁見を受けることになった。一八八〇年一一月一八日には、欧州各国の王室外交儀礼にならい、観菊会《かんぎくかい》も催されることとなり、翌年四月二六日からは観桜会《かんおうかい》も開催されることとなった。いずれも日本の政治家・官僚を招待するだけではなく、各国公使をも招いてのものであった。明治天皇はなかなか外国人との対応に慣れなかったらしく、観菊会・観桜会の日に合わせる形で陸軍演習の予定を入れ、皇后にのみ出席させることもあった（日野西資博、一九七六）。オットマール・フォン・モールは、外国人と接する際に微動だにしない天皇の様子と比べて、皇后は「わたしたちの来訪に多くの関心を示されており、天皇よりもいくらか活発でしかも立ち入った態度を示された」と伝えている（モール、一九八八）。

遠慮深く、丁寧な対応　一方、皇后のもう一つのイメージ、すなわち女性らしいイメージとして語られるのは、遠慮深く、丁寧な物腰で対応する女性としてのイメージである。皇后が明治天皇の前では決して座布団を使用しなかったということは多くの人が証言している。このように、皇后は明治天皇に対してあまりにも遠慮をしすぎると言われるほどであった。

内親王の教育掛をしていた夫人によれば、皇后は内親王に対しての言葉遣いも丁寧で、名前を呼ぶときも「常宮《つねのみや》さん」「周宮《かねのみや》さん」と呼び、呼び捨てることはなかったという（『東京朝日新聞』一九一四年四月一二日）。末松謙澄も、皇后は、臣下に対しても「恐縮する程の御丁寧」であったという。例えば、観桜会・観菊会などで奉迎者の前を通る際は、いちいち会釈をしたという（前掲『修養宝鑑明治両陛下聖徳記』）。

細やかな心配り　皇后は当時の女性たちと比べても、とても華奢《きゃしゃ》な体つきであった。宮中に出仕していた下田歌子は、皇后の裡衣の下の内衣を畳んでいたとき、その縫込みが非常に多いことに気づいた。冬は重ね着をすると重くなる。下田は、皇后の肩が凝り、身体に障ることを心配し、女官を通じて縫込みを少なくするよう進言したという。しかし皇后は、自分の内衣は、女官へ、ついで局の女中へと順々に下げるものであり、最初から短く衣を裁ってしまうと使いものにならないと言い、縫込みの多いままにさせたという（前掲『明治天皇昭憲皇太后御逸事集』所収の下田歌子談話）。

また一九一三（大正二）年一一月、伊藤博文亡き後、夫人の梅子と二女の生子（末松謙澄夫人）が、すでに皇太后となっていた美子に拝謁した折のこと。その頃、美子の側には、亡き明治天皇の愛犬がいつもいたという。梅子は生来、犬が苦手で、生子は老母を心配して香川大夫に話したという。そのことを聞きおよんだ美子は、拝謁時に、側から犬を遠ざけ、微笑みながら「今日は犬は居らぬから心を安くせよ」と言い梅子を安心させたという（前掲『修養宝鑑明治両陛下聖徳記』）。

以上のように、皇后については、男性的で活発なイメージと、女性的で遠慮深いイメージの両方が語られる。しかし、それぞれが矛盾しているわけでもない。男性的であることが、他者の感情に無頓着で粗雑な態度になるわけではない。新しい事柄に果敢に取り組むことと、天皇の立場を尊重すること、他人を思いやることは矛盾しない。そうした性格を併せもっていた人、他人を思いやりながら、さまざまな役割を積極的に果たしたのが皇后であった。皇后が教育に力を入れていたことは先述したが、近代の新しい時代に求められる女性像を意識していたがゆえにこそ、そうした多面的な役割を自ら進んで演じたのだとも言えるであろう。

地久節　そうした皇后を国民はどのように見ていたのであろうか。国民と関係することといえば、行啓時に目にすること以外では、皇后の誕生日が挙げられよう。皇后の誕生日を定期的に祝うようになったのは、明治期以降のことである。最初に祝われたのは、皇后が東京に移居した後の一八七〇（明治三）年である。しかしこの時は、あくまで内儀の行事であり、天皇が内々に祝い、女房などに祝酒を賜るにとどまっていた（宮内庁書陵部

宮内公文書館所蔵「現行宮中年中行事調査部報告35（皇后御誕辰）」）。

しかし翌年からは儀式化して表の行事とされるようになり、一八七二年一二月の改暦後は、誕生日を陰暦の四月一七日から陽暦に改め、仮に五月一三日と定め、一八七四年からは五月二八日と定めた。名称も、中宮あるいは皇后の御誕辰と一定していなかったが、一八七三年からは皇后御誕辰と呼ぶようになり、諒闇《りょうあん》中や喪中・行啓中以外は、皇后は、宮中で参賀を必ず受けることとなった。そしてこれまでは「新年宴会・紀元節・天長節」のみが祝宴の対象であったが、一八七四年からは皇后の誕生日もその対象となった。さらに、一八八六年以降、華族女学校で奉賀式を挙行することが恒例となり、一八八七年頃より、次第に、全国の女学校で奉賀式が行われるようになった。また天長節に対して、「地久節《ちきゅうせつ》」と称するようにもなり、「国母陛下の慈恩」を祝賀するムードも年々高まった。同時に、地久節を天長節と同様に祝日をと求める声も高まった。

そもそもそれまで「国母」という言葉は、天皇の生母を指す言葉として使われることが多く、皇后を指す言葉として使われることはほとんどなかった。しかし、これまで行論してきたように、皇后が、国民全体の母のように、教育を奨励し、弱者には手をさしのべ、近代化を目指す国家や社会を支えていくなかで、国民の母としてのイメージが定着していった。そして明治後半期には、「国母」といえば、その多くは皇后を指すようになるのである。

しかし結局、地久節は公定の祝日とはならなかった。一般には、天皇と同じく皇后の誕生日も祝賀するムードが高まりながらも、公式には天皇と同格には扱われないという明確な差がもうけられていたのである。このことは、男性優位の近代社会・皇室制度のあり方の反映でもあった。その意味でも、国民にとって皇后は、女性像の規範であり、国民の母であったのである。

おわりに

以上みてきたように、明治天皇の皇后のあり方は、これまでの時代と異なり、奥でも表でも変化を余儀なくされた。そうした状況に、皇后は柔軟に対応していった。本文で述べたように、天皇が担わない部分を、皇后がカバーする形で、役割分担が行われていた点が注目される。むろん、こうした皇后の役割は、政府の要請のなかで行われていたものであるが、国民は、政府や天皇が担わない部分をフォローしている皇后に、近代社会における母の姿を見た。皇后自身、近代社会における国民の母としての務めを果たそうとした。

近代社会に求められる女性像は、単一ではない。あるときは、洋装をまとい理化学を愛する先進的な女性として、またあるときには伝統的な道徳を体現する存在として、皇后は人々の前に現れた。一見、両極端なイメージのようでも、前近代から近代への移行過程においては、いずれの姿も矛盾なく「国母」として受容された。こうした複雑な役割を見事に演じたがゆえにこそ、「国母」という評価を保持することに成功したのである。

明治に始まった皇后の「表」における活動は、現在においても継続して行われているものも多い。社会福祉の奨励などはその最たる例であるが、養蚕も、生糸が主力輸出品だった時代と現在とでは大きく産業構造が変化したにもかかわらず、今もなお続けられている。皇室の位置づけは第二次大戦後大きく変わったが、明治の皇后によってつくられた皇后像は、今でも大きな影響を与え続けているのである。

コラム

戦前の皇室財産——天皇家の三つの「財布」

池田　さなえ

日清戦争最中の一八九四（明治二七）年一一月一三日、美子《はるこ》皇后は、手製の包帯、および女官に調製させた包帯六〇〇〇個を日本赤十字社に下賜し、戦傷者救護にあてさせた。これ以降、対外戦争に際して皇后による包帯の下賜は慣例化する。美子皇后のみならず、近代日本の皇后が慈善事業に一方ならぬ思いを寄せてきたことはつとに知られているところである。

ところで、皇后がこうした活動に使うお金は、いったいどこから出ているのか、と疑問に思ったことはないだろうか。かつては、国民が皇室財産の実態を知ることは難しく、一種のタブー意識も根強かった。また、研究者であっても、史料的制約から満足な説明ができなかった。しかし、近年は天皇の側近や宮内官僚らの書簡や日記などの公開が相次いだことに加え、二〇一一年に施行された「公文書等の管理に関する法律」により史料状況は飛躍的に改善した。これに伴い、皇室財産の実態解明は学界の重要な責務との認識も次第に浸透し、皇室財産の研究も飛躍的に進みつつある。こうした状況を踏まえて、ここでは戦前日本の皇室財産がどのような仕組みで管理・使用されていたのかについて概観してみることとする。

そもそも、天皇家の「財布」は三つあったことを押さえておかねばならない。一つ目は、天皇家の歳費、すなわち天皇家が日常の生活・活動に使用する「お財布」である。会計区分では、一八八八年から一九一四（大正三）年までは常用部《じょうようぶ》、それ以降は通常会計と呼ばれた。二つ目は、「御資《ぎょし》」。これは、不時の支出に充てるために貯えた動産であり、天皇家の貯金だと考えてもらえばよいだろう。三つめは、「御料地」。これは、不動産である。不動産といっても、こんにち私たちが見知っているような皇居や、天皇家の方々が避暑などに訪れる御用邸などのように、天皇家が公私の生活に使用する土地のみに止まらない。戦前の天皇家は、戦後と違って収益を上げるために事業を行う土地を各地に保有していた。

明治政府ができて間もない頃は、政府から宮内省に毎年金穀を供与して皇室・宮内省の歳費に充てていたが、その後は国庫から毎年宮内省に定額の「皇室費」が移入されることとなる。議会が始まった当初は三〇〇万円であったが、のち一九一〇年には四五〇万円に増額される。このほか、御資や御料地などからの移入金などを合わせたものが毎年の歳費とされた。ただし、一八八八年から一八九八年までは、会計法規上御料地収入を皇室の歳費に充てることはできなかった。御料地は、まだまだ自転車操業だったのである。

御資は、明治維新後すぐの時期には孝明天皇の遺産の一〇万円程度しか残っていなかった。一般に、維新後の皇室・公家は困窮していたというイメージが流布しているが、「無一文」というほど困窮していたわけではなかった。それでも、この遺産額は米に換算すると二、三万石ともいわれ、最下級大名の石高程度しかないことになると考えれば、新時代の君主の貯蓄としてはあまりに「貧相」に見えたかもしれない。しかし、天皇家の御資は、その後株券や国債などの有価証券の集積や、日清戦争の賠償金献上などで増額していった。御料地もまた、維新後は天皇家の居住地である宮殿（京都御所）と離宮などの日常生活に供する土地以外はほとんど保有していなかったが、一八八九年からは山林・原野・鉱山など事業を行い収益を上げるための土地を大規模に集積していった。御資も御料地も、議会が始まる前に集中的に編入された。これは、議会が始まってからでは、皇室財産の増減に政党勢力が関与する事態が起こりうると政治指導者らが危ぶんだためである。しかし、当時の政治指導者らは純粋に天皇家の財源を強固にするためだけに皇室財産を集積したり、議会から保護しようとしたりしたわけではなかった。御料鉱山は、官有鉱山が担ったように民間鉱業の模範や保護・育成を図るために活用されたし、御料林では国策にかなった産業に優先的に木材を売却しようとする動きも見られた。また、国土保全など、収益を生み出さないがゆえに民間ではなしがたい公益的な営みのためにこそ御料林はあるのだとする考えもあり、必ずしも収益優先の経営がなされていたわけではなかった。

では、冒頭で触れたような皇后の慈善事業にかかる費用は、どこから、どのような仕組みで出されていたのだろうか。皇后が慈善団体や病院などに与える金品は「恩賜《おんし》」と言われるが、恩賜は一八八八年に制定された「帝室会計法」以降、戦前は一貫して皇室の歳費の中から賄われていた。また、大災害や不慮の事態などで支出が増え、歳費が不足したとしても、原則的に御資からの支出は議会に諮ることなくなし得た。

しかしそれは、皇后の意思であっても、いや、天皇の意思であってさえもいつでも自由にお金の出し入れができたということを意味しない。皇室財産に関しては、政府とは区別された会計法が存在した。その会計法に則り、宮内省が予算を策定する。予算は、宮内大臣・次官、および宮内省内の財政担当部局の長などと、特に勅撰された皇室経済顧問（伊藤博文、松方正義など有力政治指導者が勅撰された）によって構成される皇室経済会議に諮《はか》られていた。土地の購入や除却など、大きな資産の出入りがあるときなども、皇室経済会議が開かれ、天皇に上奏された。天皇は、基本的に皇室経済会議の決議を拒むことはなかった。

予算さえ決まってしまえば、あとは各部局の裁量でお金を出納できる。学習院や帝室博物館、御料牧場などの独立会計部局もあった。これらの皇室会計は決算処理を経て、ふたたび皇室経済会議に諮られる。その決算は、宮内省内に置かれた帝室会計審査局によって厳格にチェックされた。本来天皇皇后の「思召」によるはずの「恩賜」でさえもあらかじめ年額が決められており、災害時などの不時の支出も、事後的にではあるが制規に則って処理された。

このように、皇室財産は宮内省という行政機構が法制度に基づいて厳格に管理・運営していた。それゆえ、皇后の「思召」といえども、この法制度に定められたプロセスを踏むことなくしては、お金の「自由な」出し入れはできなかった。もちろん、宮内省は基本的には皇后の「思召」を拒むことはなかったし、戦前の三代の皇后は、ことお金の問題に関して宮内省を慌てさせるような要求をしたことはなかったということだけは付言しておく。

〔貞明皇后　一九一二〜一九三一頃〕

第二章　貞明皇后の思考と行動——裕仁との関係から

茂木謙之介

はじめに

大正天皇の后であった節子《さだこ》（諡《し》号《ごう》・貞明《ていめい》皇后）はこれまでの皇后研究のなかでさまざまなイメージの下に語られてきた。曰く「寄り添う皇后」（片野真佐子、二〇〇三）、「祈りの女帝」（小田部雄次、二〇一〇）、「裕仁《ひろひと》と良子《ながこ》にとって、大きな脅威」（原武史、二〇一五）など、一つに像を結ぶことが困難なまでの複層性が提示されてきたといえよう。事実、節子は明治以降の皇后の在り方とともに、大正天皇の病気による表舞台からの退きという天皇制の危機的状況にあって政治的主体として振る舞わなければならないなど、多岐にわたる対応を迫られた存在であった。本章では、節子が昭憲皇太后から何を引き継ぎ、何を新規に取り入れたのか、大正天皇に代わって如何なる政治的主体として動いたのか、裕仁皇太子（昭和天皇）との関係性はどのようなものだったのかを中心に、状況の中で形成されていった大正の皇后の思考と行動を検討し、そこに内在していた規範意識とはいかなるものであったのかを考えていきたい。

なお検討にあたっては、これまでの先行研究で参照されてきた諸史料に加えて、出来事については「貞明皇后実録」に拠るとともに、「貞明皇后実録」の編纂のために作成された宮内庁宮内公文書館所蔵「貞明皇后実録編纂資料・関係者談話聴取（控）昭和四〇年」（識別番号二九三三三・二九三三四、以下「談話聴取」と略記し談話者の名を付す）を参照した。同史料は一九五一年五月に節子が死去した直後から、生前に彼女と直接関係のあった人物を対象に宮内庁の事務官が中心となって行った聞き取りを中心としたものである。史料の性格上、回想のスタイルをとるため、政治家の手記などの同時代史料よりも正確さが減殺されている側面はあるが、これまでに先行研究が推測してきたことを裏付ける証言とともに皇后の実像にせまるものが多く残されている。

一　皇太子妃選定過程と宮中での苦悩

生い立ち　節子は一八八四（明治一七）年六月、五摂家の一つ九条家《くじょう》に生まれた。父は戊辰戦争で奥羽鎮撫総督をつとめた公爵・九条道孝《みちたか》、母はその側室であった野間幾子《のまいくこ》。父の実姉は孝明天皇の正妻であり、明治期には英照《えいしょう》皇太后として知られていた。たくましく育てたいという父道孝の意図のもと、生後七日にして東多摩郡高円寺村の豪農、大河原金蔵・てい夫妻の里子に出された。里親のていは観音菩薩を篤く信仰しており、そこで節子は宗教に関する関心を芽生えさせていた。なお実家の九条家も家は禅宗であるものの、西本願寺の大谷家とは血縁関係があり、浄土真宗とも接触する機会があった（荒井恵「談話聴取」）。武蔵野の自然で育った彼女は四歳の時に実家に引き取られ、高等師範学校女子部付属幼稚園から華族女学校初等小学校、同高等小学校、同初等中学校に進み、初等中学校在学中の一八九九年八月二一日、一五歳で嘉仁《よしひと》皇太子の妃に内定した。妃候補選定に際しては嘉仁皇太子の生母である柳原愛子《やなぎわらなるこ》の発案で、皇太子の遊び相手として皇族・華族の子女が招かれ、その中から候補者を選ぶ過程があった。華族女学校学監の下田《しもだ》歌子《うたこ》や佐佐木《ささき》高行《たかゆき》もそこにかかわった。

波乱含みの選定と宮中生活初期　だが、この妃選びは一筋縄で展開したものではなかった。先立つ一八九三年五月伏見宮禎子《さちこ》が皇太子妃とされていたが、彼女は一八九九年肺に疾患がみつかり、その決定は取り消された（浅見雅男、二〇一〇）。嘉仁皇太子も身体は頑健ではなく、跡継ぎを必要とする皇室にとって健康体の皇太子妃は必須であった。そのなかで候補として浮上したのが節子だったのである。

候補に選ばれるに際しては下田歌子が「別段優れたる御長所なきも、又何等の御欠点も之なき」として、また「健康中分なし」として伊藤博文に推挙したことが知られている（『原敬日記』一九一九年八月一〇日条）。この表現を見ても明快なように、彼女は決して肯定的な評価のもと皇太子妃に選ばれたわけではなかった。というのも、幼少期を武蔵野の田舎で過ごし、良家の子女ばかりのあつまる華族女学校において時事風刺の演歌・オッペケペー節を歌うような節子は「どちらかと云ふと御転婆《おてんば》」の「ご気性の勝った方」と同級生にみなされるほどの人物だったのである（荒井恵「談話聴取」）。そのような彼女は、さまざまの制約を必要とする宮中の環境で皇太子妃として振る舞うことを要請され、苦悩することになる。特に女官の万里小路《までのこうじ》幸子《ゆきこ》からは、立ち振る舞いについて「厳格に御教育」（荒井恵「談話聴取」）を受けた。

だが、のちに「その時はずい分つらいと思つたけれど、正しいことをいつて導いてくれたことは有難いこと」（「皇太后様の御ことども」）と回想する節子は次第に宮中に適合した主体となっていく。なお、このような状況下で彼女をかばったのは柳原愛子であり、死後追贈されて一位局《いちいのつぼね》と呼ばれる愛子

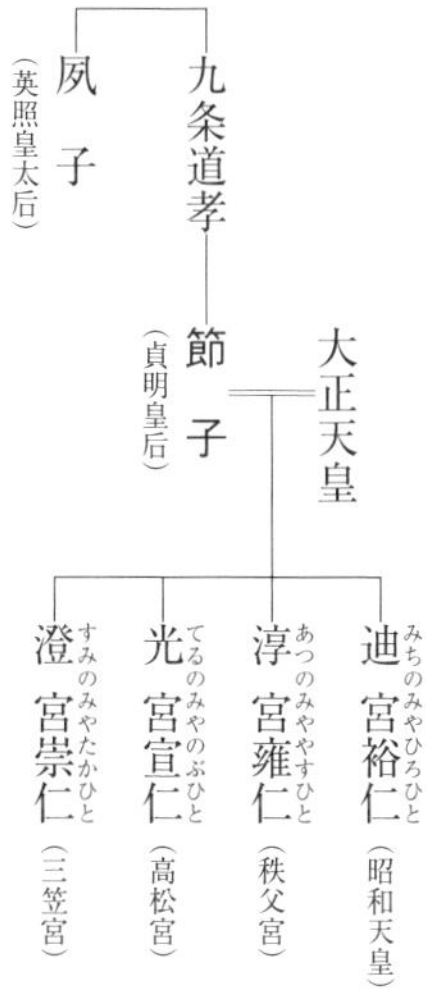

図7　貞明皇后関連系図

との深い関係性は一九四三年の愛子の死まで続き、節子は彼女への感謝を口にしていたという（柳原花子「談話聴取」）。

新しい夫婦・家庭像と齟齬　一九〇〇年五月一七日節子は嘉仁皇太子と神前結婚式を挙げた。すでに先行研究でも指摘のあるように神道式の結婚式はこの時成立した「創られた伝統」であり、国民へ新たな皇室の誕生を喧伝するものであった（原武史、二〇一五）。一九〇〇年五月一一日付の『万朝報《よろずちょうほう》』は「この無前の大典により道徳風教の源泉なる皇室が始めて誠に一夫一婦の大義を明らかにし、民衆をして仰ぐ所を知らしむるに至れる」としてその意義を伝えている。周知のように明治期までは上流階級における側室は珍しいものではなく、嘉仁も節子もともに生母は側室であったが、この結婚はその旧弊を打破するものとして認知されていた。かかる「新しい試み」はその後の三重・京都・奈良への結婚報告を含めた新婚旅行にも表れていた。この夫婦伴っての旅行は、嘉仁にとってはその心身の健康を獲得していく過程であり（原武史、二〇〇〇）、人びとにとっては近代的夫婦像を提示されるものだったといえる。

健康体が妃に求められたのは既述の通りだが、節子はその要請に応え、結婚のその年のうちに懐妊し、一九〇一年四月に迪宮裕仁《みちのみやひろひと》（のちの昭和天皇）、一九〇二年六月に淳宮雍仁《あつのみややすひと》（のちの秩父宮）、一九〇五年一月には光宮宣仁《てるのみやのぶひと》（のちの高松宮）を立て続けに出産する。迪宮と淳宮は海軍軍人であった川村純義《かわむらすみよし》に預けられ、一九〇四年に川村が死去するまでその許で養育された。その後は東宮御所に隣接の皇孫仮御殿（のちに皇孫御殿）で養育され、皇太子と節子は週三回程度訪問し、団欒《だんらん》した。制約付きではあったが、これは皇室に家庭生活が導入された始まりであった（『ベルツの日記』一九〇五年三月三一日条）。

以上のような展開から節子が皇太子妃となってからの数年間について節子と嘉仁の関係性は一夫一婦の睦まじ

い夫婦仲としてこれまで考えられてきたが（片野真佐子、二〇〇三など）、その一方で近年の研究では結婚直後すれ違いの生活をしていることや結婚後の嘉仁がほかの女官に興味を惹かれていたのではないかなど、「睦まじい」という表現だけに回収されない動向をも指摘されている（小田部雄次、二〇一〇、原武史、二〇一五）。この一因としては嘉仁の健康を向上させるために彼の一挙一動に細かな気遣いを絶えず行っていたという節子の行動を（黒田長敬「談話聴取」）、自由を好む嘉仁本人が厭《いと》うためとも考えられる。

二　昭憲皇太后からの引継ぎと新たな側面

新たなスタイルと苦悩　一九一二（大正元）年七月、大正天皇の即位とともに節子は皇太子妃から皇后となった。即位直後に落ち着かない態度をとったことで周囲を不安がらせた新天皇に節子は寄り添い、その後も避暑に同行するなど、天皇と皇后が別行動をとっていた明治期とは異なる新しい天皇と皇后の在り方を示した。片野は「国民に新たな時代の到来を知らしめるかのよう」と位置付けているが（片野真佐子、二〇〇三）、これらは急に始まったものではなかった。すでに一九〇七年の段階で節子は皇太子とともに外交官や軍人、政治家などと引見しており（「貞明皇后実録」）、その新たなスタイルの準備は着々と整えられていたということができる。また、天皇の執務中には端の間の入り口にじかに端座し、天皇に対しては深い御辞儀を行うなど夫婦間の序列を堅持し、「奥の伝統」についても昭憲皇太后の行動を参照してその振る舞いを意識的に引継いでいたことは注目される（三室戸敬光「談話聴取」）。いわば新たな皇室像を皇室外に対して提示しつつ、その反面で明治期までに形成されてきた「奥」については守旧的に振舞ったと考えることができるのである。

その一方で、節子は新たに苦悩していた。皇后になったあと「如何にも御心労のご様子」だったと下田歌子は述べているが（『原敬日記』一九一九年八月一〇日条）、宮中改革・殖産興業・女子教育・社会事業・慈善事業に尽くした昭憲皇太后の後にあって、どうやってそれを継ぐかという課題に直面していたのである（小田部雄次、二〇一〇）。以下、いくつか事項ごとにその引継ぎと新規性とを見ていこう。

殖産興業　殖産興業に関するものの中でも節子が主体的に関わったものとしては養蚕《ようさん》がある。東宮妃《とうぐうひ》であった一九〇八年の段階において節子は東宮御所内で養蚕を始めており、以下のような漢詩を残している。

満圃柔桑繁茂時／朝昏采々与蚕児／須知飼養勤将情／他日吐経済粗基

蚕が飼育者の情を受けとめ、後日経済の基となる生糸を吐き出すだろうということの漢詩からは、すでにして彼女が殖産興業と生糸の関係性について意識的だったことが看取されるだろう。皇后となった後、一九一四年に皇居内の紅葉山養蚕所《もみじやまようさんじょ》を開設し、小石丸という品種を育てている。養蚕に関しては昭憲皇太后を引き継いだ側面とともに、伯母にあたる英照皇太后の事績を引き継いだ側面があるが、その一方で重要なのは、より実体的に養蚕にかかわったという側面だろう。節子の養蚕に向ける熱心さはよく知られている。彼女の口からは蚕室に入ることの喜びが語られ、またその入れ込みようの一端として一九一七年からは紅葉山での養蚕始に神式の儀式を取り入れ、神事化したことが伝えられている（有泉善三「談話聴取」）。また、後年周囲の人びとが蚕について忌避感を口にしたとき、節子から「絹物を着る資格がないね」とからかわれたこともあったという（松平信子「談話聴取」）。

教　育　また教育については昭憲皇太后に引き続き、女子教育機関をはじめ各種の学校に行啓するなど、その奨励主体として振舞った。東京女子高等師範学校、日本女子大学校、東京高等工業学校、東京帝国大学などの官民の諸学校のほか、一九一七年には盲学校に行啓、一九一八年には滝乃川学園、一九二〇年には共立女子職業学校に下賜金を与えるなど従来の範囲をより拡大させるかたちで教育へかかわりを提示した。特に障碍者《しょうがいしゃ》教育に関するものについては後述する社会事業と慈善事業への関心と結びついたものと言えるだろう。また、跡見花《あとみか》蹊《けい》や成瀬《なるせ》仁蔵《じんぞう》といった女子教育関係者たちとの直接的な関係性も見逃せない（たとえば「貞明皇后実録」一九一九年四月四日条など）。

社会事業・慈善事業　明治期において昭憲皇太后は日本赤十字社総会への臨席や東京慈恵会との関わり、愛国婦人会への継続的な関係形成を行い、また災害への救恤や事故への援助を行っていたが（小田部雄次、二〇一〇）、基本的に節子はこれらの活動を直接引き継いだ。すでに皇太子妃の段階で一九〇七年には慈恵会に年五〇〇円の下賜金を一〇年間送ることを決定しており、また一九〇九年には昭憲皇太后の「御誘引」によって日本赤十字社総会と慈恵会医院とに行啓している。また、昭憲皇太后と同じく、災害救恤や軍事演習にかかわる事故への見舞いなどを天皇と連名で行っている。これらは後に「弱者への同情」として周囲から語られることになるが（荒井恵「談話聴取」）、一九二〇年にシベリアから受け入れたポーランド孤児への救済はその典型例であろう。このように弱者に対して皇室の「仁慈」を示すという在り方は継続されていたのである（遠藤興一、二〇一〇）。

以上、昭憲皇太后からの引継ぎと節子からはじまる新規性を軸に彼女の活動を追ってみた。全体的に昭憲皇太后の始めた皇后としての諸活動を引き継ぎつつ、国民生活の多様化する対象の時代において具体化していった過程を読み取ることができるだろう。これらは一九二〇年前後の原敬《はらたかし》や山県有朋《やまがたありとも》といった政治家や元老たちの構想していた「慈善恩賞等の府」としての皇室像と共起的なものといえる（片野真佐子、二〇〇三、黒沢文貴、二〇一三）。だが、その前後の節子の行動はこれら「慈善恩賞等」の主体としてのみのものにとどまらない。それは大正天皇の発病に伴う政治的主体としての節子の行動である。

三　政治的主体としての行動

一九一四（大正三）年に始まる漸進的な大正天皇の不調のなかで、政治家からの報告が節子にもなされるようになってくる（例えば『原敬日記』一九一八年一〇月一日条）。一九二〇年前後には大正天皇の病状は覆い難くなっており、それによる政治の表舞台からの退きの中で「家長代行」としての皇后が求められることとなり（永井和、二〇〇三）、節子は政治的判断を示すことでその存在感を増していく（伊藤之雄、二〇〇五）。以下、その政治的主体としての節子が現れたものを挙げつつ、彼女の行動を見ていきたい。

宮中某重大事件への介入　裕仁皇太子と久邇宮良子《くにのみやながこ》女王との婚約をめぐる宮中某重大事件については、本書第三章が言及しているほか、浅見雅男（二〇〇五）や黒沢文貴（二〇一三）等の詳しい検討があるため、ここでの詳述は避けるが、久邇宮家の色覚問題発覚に端を発する同事件は、皇室の純血を守るべきという観点から久邇宮家から婚約を辞退すべきとする山県有朋や原敬らに対して、久邇宮家は一度決定したことを覆すことはできないと対抗し、そこに右翼や新聞などさまざまな主体が入り乱れて混乱、長期化した。

このなかで節子は病身の天皇に代わって判断をせざるを得なくなってくる。一九二〇年一一月二八日、節子に拝謁した久邇宮邦彦《くによし》（良子の父）は彼女に向かって持論を展開した上で、その辞退如何の判断を節子に任せた。

節子本人は娘の良子に特段の悪印象はなかったが、「自分も近眼なるが為め皇子方が御遺伝被遊《あそばされ》、実に安き思を為せず」（『牧野伸顕日記』一九二二年六月九日条）と述べる様に純血論派だったのに加え、意思を通そうとしてきた久邇宮に対して不快感を持った。

皇后陛下の御思召《おぼしめし》は如何と云ひたるに、格別御好みに在らせられさる様に拝察すと云ひ、其序に気六ヶしき《きむずか》舅にては困るならんと云ふ様なる御口気《こうき》なりしことを漏らしたることあり（『倉富勇三郎日記』一九二一年五月一九日条）

節子は久邇宮が良子の父として外戚関係を利用して宮中に干渉するかもしれないという疑念を持っていたのである（片野真佐子、二〇〇三）。

外遊への反対　某重大事件とほぼ軌を一にして進展していたのが裕仁皇太子の外遊をめぐる問題である。皇太子は東宮学問所で修学中だったが、箱入り教育による問題が顕在化し、その対策として元老たちによって外遊が企図・推進された。だが、大正天皇に代わって裁可を求められた節子はこれに反対した。すでに述べたように大正天皇は病中にあり、その状況下での洋行に不安があったこと、皇太子の健康についての心配、海外で危害を加えられることに対する怖れなどが理由としてあったが（黒沢文貴、二〇一三）、一九二〇年一〇月に元老・西園寺《さいおんじ》公望《きんもち》が節子から「政事上必要とあれば、政事上の事は干渉せざる積なり」（『原敬日記』一九二〇年一〇月一日）という言質を引き出し事実上の決定を見た。

だが、その後も『倉富勇三郎日記』（一九二〇年一一月一八日条）には「東宮殿下《とうぐうでんか》御洋行《ごようこう》のこと決したるやを問ふ。石原〔健三・宮内次官〕、未た決せす。現今にては一寸頓挫の状況なりと云ふ。〔略〕東宮殿下御洋行のことは、先日西園寺公より一応皇后陛下に申上け、陛下は元老の考に任すとまては仰せありたるも、御賛成はなき趣なり。御賛成なきに拘はらす、之を決行する訳に行かす」とあるように、そう順調には進展しなかった。

下田歌子の追放　この外遊と宮中某重大事件とに裏から関係した人物として下田歌子と飯野《いいの》吉三郎《きちざぶろう》がいる。宮

図8　下田歌子

中に自由に出入りできる身だった下田は、当時「隠田《おんでん》の行者《ぎょうじゃ》」と呼ばれていた占い師・飯野と関係が深く、二人の行動は節子の行動にも影響をおよぼした。飯野は節子の希望と一致する「霊旨」を提示してその意思を支え、下田は関係者の間を周旋した。だが下田と飯野の評判は悪く、牧野伸顕《まきののぶあき》をはじめとする宮中関係者は彼女らの影響力を排除しようとした。結果、両者は宮中から追放されることとなるが、昭憲皇太后と節子の二代にわたって宮中にかかわってきた下田の存在は節子にとっては大きく、心の指標を失うこととともなった（小田部雄次、二〇一〇）。

関東大震災への対応　政治的主体としての節子を考えたとき重要なものとして、若干時代は下るが一九二三年九月一日に発生した関東大震災への対応が挙げられる。震災発生時に天皇とともに日光の田母沢《たもざわ》御用邸《ようてい》に滞在していた節子は東京に伝書鳩で天皇と自らの無事を知らせるとともに、行動を起こす。同月一三日には節子の意思を受けて宮内省巡回救療班が設置され、小児科と産婦人科を中心に無料の診察、施術等を行った（堀口修、二〇一二）。また、節子本人も二九日に帰京し、宮城に戻らずそのまま東京市の罹災《りさい》状況を視察するとともに各地の病院を視察・慰問した。その後も同年一二月にいたるまで罹災者と同じく夏服で過ごしつつ慰問を行うなど継続的にケアの主体として振舞った。これら救恤・救護を天皇に代わるかたちで遂行した節子の存在感は、同じく摂政宮としてかかる活動に従事していた裕仁皇太子に比肩するものであった（伊藤之雄、二〇〇五）。

四　裕仁との関係性と「神ながらの道」

一九二〇年代の節子と裕仁に関する言説には多かれ少なかれ両者間の複雑さを前景化させるものが多くある。皇太子から摂政、そして天皇へと立場を変化させていく過程で宮中官僚たちと共に政治的主体としてその存在感を増していく裕仁に対して、節子はどのように振舞ったのだろうか。特にここでは二人の懸隔《けんかく》が顕在化する女官問題と祭祀、そしてそれにかかわる「神《かむ》ながらの道」をめぐる動向から見てみたい。

女官問題　一九二一年九月に外遊から戻り、同年一一月には摂政に就任した裕仁は、一九二二年一月女官の通勤制を提案するとともに自らの子供を手許において教育することを提案する（『牧野伸顕日記』一九二二年一月二八日条）。ヨーロッパ周遊によって諸国の状況を目の当たりにした裕仁による宮中の改革は、節子との間に軋轢を惹起した。

この時期の節子が「ピリピリ」していたという証言があるが（山川一郎「談話聴取」）、その実、女官問題について節子は「その改革がお気に召さなかった」ようであり（広幡忠隆「談話聴取」）、その後裕仁皇太子の「奥」の新設が決まった時、現状の「奥」から女官を割譲してほしいと求められた際には理由をつけてそれを断り（『牧野伸顕日記』一九二三年七月一一日条）、新規の通勤制の「奥」と従来型の永年制の「奥」という二重構造が生まれる結果となった。

裕仁の祭祀　このころ、裕仁と節子との間には宮中祭祀をめぐっても軋轢が生まれていた。裕仁の地方視察と新嘗祭《にいなめさい》が重なるため祭祀を行うことができない旨を牧野が節子に伝えたところ、節子は以下のように述べた。

殿下には御正座《せいざ》御出来ならざるに付御親祭は事実不可能なり、今後はぜひ御練習の上正座に御堪《おた》へ相成様《あいなるよう》致度《いたされたく》、昨年来殊に此種の御勤め事に御怠慢の御様子あり、今後は何とか自発的に御心懸け相成る様致度し、夫れも御形式になく御心より御務めなさる、様御自《ごじ》覚被為度《かくなされたく》望み居る旨（『牧野伸顕日記』一九二二年九月二二日条）

つまり、祭祀を自ら行わない裕仁を批判するとともに、たとえ行うとしても形式だけではだめだという認識が示されているのである。なお、かかる認識は昭和に入ってからより明確化することになる。西園寺公望を経由する形で節子は昭和天皇に「形式的の敬神にては不可なり、真実神を敬さざれば必ず神罰あるべし」と激烈な言葉を投げかけたという（小田部雄次、二〇一〇）。

いわばヨーロッパの基準に照らして皇室を改革する先進的な裕仁に対して、祭祀の順守を主張する守旧的な節子との対立が明確化している状況ということができる。此の祭祀をめぐっては東京帝国大学法学部教授であった古神道の思想家・筧克彦《かけいかつひこ》と彼の提唱する「神ながらの道」との関係が重要となる。

筧克彦と「神ながらの道」　筧克彦の「神ながらの道」の主題は、日本人が万世一系の「皇国体《みくにながら》」を維持してきたことは最も尊ぶべき「心の道」であり、すべての宗教的信仰を統括するアマテラスの子孫である天皇の下に通じているというものである（西田彰一、二〇一六）。筧は一九二二年、秩父宮にかかる内容を進講していた。筧によると直接秩父宮への進講を依頼してきたのは枢密顧問官を務めていた一木《いちき》喜《き》徳郎《とくろう》であり、それは「皇后の思召《おぼしめし》」をうけたものであったという（筧克彦「談話聴取」）。節子が一九二四年に「神ながら　開けし道の　奥遠み　ふみそめしより　十年へにけり」という短歌を詠んだことから、これまで一九一四年前後から節子が筧に関心を持っていたことが推測されてきた（小田部雄次、二〇一〇、原武史、二〇一五）。筧によれば「大正の初頃」に著書

『古神道大義』（一九一二）を節子に献上したことがあり、また節子の話からは筧の『仏教哲理』（一九一三）も読んだ形跡が窺えたという（筧克彦「談話聴取」）。節子の読書量の多さについては証言があるが（三室戸敬光「談話聴取」）、そのなかに筧の著作も含まれていたようだ。

その筧の進講について節子は、全一〇回の講義のうち第三回が終わった段階で、便宜を取り計らった牧野伸顕に「実に有益にして予想以上の興味あり、裨益《ひえき》する処多大なり、殊に女子には尤《もっと》も為になる様感ぜり」と述べている（『牧野伸顕日記』一九二四年四月九日条）。なぜここまで節子に筧の議論が響いたのかということについては、長年信頼を置いていた下田歌子のいない状況での心のよりどころとなるものであったという見解（小田部雄次、二〇一〇）や、女性の謙譲の精神が精神生活の本源であるとする「夫婦一体論」に共鳴したという見解（片野真佐子、二〇〇三）、生まれながらにして皇統にない皇后がアマテラスと同一化する道を発見したという見解（原武史、二〇一五）などがあるが、少なくとも節子における宗教的関心は絡み合っていたと考えてよいのではないだろうか。

すでに述べたように、幼少期から仏教に関わる環境にあり、華族女学校で、後に滝乃川学園を経営することとなるキリスト者の渡辺（石井）筆子《ふでこ》とかかわりを持つなどしていた節子は、一九一一年三月重篤な腸チフスに罹患した際に宗教への関心を高め（山川一郎「談話聴取」）、「敬神の心」を大正天皇の発病からより強くしたといわれている（森津俊雄「談話聴取」）。病気を以て節子の転機とする指摘（小田部雄次、二〇一〇）や、天皇の発病を筧への親炙の契機とする指摘（原武史、二〇一五）と相響くものであろう。

そのなかでも特に注目しておきたいのはキリスト教との親しさである。宮内次官を務めた関屋《せきや》貞三郎《ていざぶろう》やその妻衣子《きぬこ》、宮中人事にかかわった野口幽香《ゆか》、皇太子の女官の伊地知ミキなど節子の周囲にキリスト者は多い。節子自身も「こんな境遇にならなかつたら、耶蘇《やそ》になつたかもしれぬ」と筧に述べていたという（筧克彦「談話聴取」）。

つまり既にさまざまの宗教に触れていた節子にとって、すべての信仰が皇室に収斂するという筧の議論はことさら強く響くものだったということができるだろう。先ほど先進的な裕仁と守旧的な節子という単純な対立構造を提示したが、むしろ節子は宮中の既存のものに新たな意味を見出してそれを積極的に擁護しようとしていたと考えることができるかもしれない。前述の裕仁との対立の一端にはこのような節子の信仰と皇室に関する認識があったのではないだろうか。

五　皇太后としての福祉活動の深化

「救癩」への関心　昭和改元後、皇太后となった節子の活動として最も注目されてきたのは「救癩《きゅうらい》」と灯台への関心である。

「貞明皇后実録」によれば、節子の「救癩」すなわちハンセン病患者への関心は一九一五年一〇月まで遡ることが出来るが、その後は一九二〇年の神山復生病院への下賜金など散発的な支援にとどまっていた。本格化するのは一九三〇年に内大臣・拓務大臣へ下賜された「御手許金《おてもときん》」をもとに翌年癩予防協会が発足したことに始まる。この「御手許金」は一九二二年段階で宮中の経費を節減した際に節子自ら「奥」の経費を切り詰めることを提案し、そこから「御内儀の費用を節約したる金」として貯められていたものであり、「社会事業に充つることを望む」という節子の意思が反映されていた（『倉富勇三郎日記』一九二二年八月一二日条）。その後癩予防協会へは毎年一万円の下賜を行い、一九三三年には全国のハンセン病施設に楓《かえで》の苗を贈り、一九三五年には全国官公立療養所長に対する単独拝謁が行われている。これによって各界からの寄付金や後援活動が活発化し、その後ハンセン病患者による貞明皇后の神格化が進んだことが指摘されている（荒井裕樹、二〇一一）。

だが、荒井裕樹の指摘するように、同時代の「救癩」とはハンセン病患者を隔離する同時代の政策と一体のものであり、節子の行動は実質的にその国家的な政策のプロパガンダとして成立しており（荒井裕樹、二〇一一）、宮中・府中双方からの政治的必要から生じたものだったとされる（遠藤興一、二〇一〇）。事実、節子本人も周囲に対して「救癩」を行うことの本質として、文明国である以上必須であると述べたり（荒井恵「談話聴取」）、外国にできて日本がハンセン病を根絶できないのは「国柄としてよろしくない」と述べたりしていたという（松平信子「談話聴取」）。

灯台への関心　また、養蚕・「救癩」と並んで節子の業績としては灯台への関心がある。一九二三年五月の観音崎灯台（神奈川県浦賀町）への行啓前後から海の安全を守る灯台についての関心を深めており、一九三六年には灯台局に短歌「荒波も　くだかむほどの　雄心《おごころ》を　やしなひながら　守れ灯火」とともに下賜金を渡した。灯台局はその使途として全国の灯台に電池式ラジオを設置することとし、それは結果的に灯台の職員のみならず地域住民にも資するものとなったとされている（坂本宇三郎「談話聴取」）。その後も一九四〇年には件《くだん》の短歌は全国の灯台に送られ、翌年には神奈川県南下浦町の剱崎灯台を訪れ、金一封を下賜し、その下賜金をもとして灯台職員の子弟の教育に資する目的で財団法人灯台済育会が発足するなど、節子からの継続的なかかわりは展開した（吉田市太郎「談話聴取」）。

おわりに

一九四七（昭和二二）年、宮内次官を勤めていた加藤進は、一一宮家の皇籍離脱が決定した段階で節子にそれを報告した際、以下のような言葉を受けている。

よく解りました。つまり御一新前に帰つたと思へばよいのですね。私は農家に居たこともあつて、覚悟もあるから今後に処することも出来ます。たゞ宮様方には時局もよく判らず、十分に御覚悟の出来てゐない方もゐるでせうから、これは加藤達がよく計らつてよく理解する様に努めて貰ひたい（加藤進「談話聴取」）

彼女本人の「覚悟」が明快に表れており興味深いものだが、同時に宮中某重大事件の際の久邇宮への不信感を参照した時、彼女は皇族に対していささか冷淡な反応を一定してとりつづけてきたことが表出しているようにも映る。だが、この認識は正しいのだろうか。

節子の行動を通して見た時、一定の規範意識に気づかされることがある。例えば大正末の女官問題の際には改正に不満を述べた彼女は、のちに裕仁の第一子照宮成子《てるのみやしげこ》の住む呉竹寮《くれたけりょう》の玄関も輦止《くるまどめ》もないデザインについて天皇の子がいる場所としてふさわしくない旨を発言している（黒田長敬「談話聴取」）。

また、一九二一年段階で「淳宮殿下は皇后陛下の御愛も特に厚き趣」（『倉富勇三郎日記』一九二一年六月一七日条）などと言われているように第二皇子の雍仁には愛着があったとは言われている一方、「皇子方に対する愛情はすこぶる平等」という言説も提示されているが「身分には厳格」であった旨も同時に証言されている（黒田長敬「談話聴取」）。これは儀式等には厳格である一方で日常生活の格式ばったことには否定的という証言とも響き合うもの（坊城俊良「談話聴取」）ではないだろうか。すなわち、私的な側面についてはある程度の自由を求めている一方で、宮中の儀礼的な側面には徹底したこだわりを持っているのである。

では、その儀礼的側面の徹底とはどのようなかたちで担保されていたのだろうか。そのヒントとしては「雅楽など古技の保存」への関心（西川義方「談話聴取」）や「宮中の古儀慣習の保存」（松平信子「談話聴取」）につとめたというエピソードが挙げられる。つまり節子の言動には、皇室内の人間たちは宮中の「伝統」を保存しなければならないという規範意識を認めることができるのだ。

そのように考えたとき、興味深い記述がある。小野八千雄は、牧野伸顕が内大臣を務めていた際に以下のような言葉を残したとしている。

皇后は臣下より上つて皇后の御位に即《つ》かせられた事を非常に感銘遊ばされ、是非この栄位を辱めず、且《か》つ皇室の先例典故其の他大切な事を御体験御保存になつて、後々までもこれを御伝へ遊ばされんとする御考へ（「談話聴取」）

ここからは節子が臣下から皇室に嫁した者にこそ逆説的に皇室の慣習を保存する可能性をみていたことがわかる。これまでの先行論でも摂家と皇族という固定的な身分的な関係性から節子の行動規範が解かれてきた側面があるが（片野真佐子、二〇〇三）、節子には皇室外からの婚姻者だからこそ、ことさらに明治以降に生成されたものを含めて皇室の「伝統」を引き受け、徹底的にそれを保存すべきなのだという認識があったのではないだろうか。ここから節子の一貫した指針が見えてくるようである。政治的主体としてのふるまいも、社会福祉活動へのかかわりも、同じく明治以降の宮中における「伝統」を踏襲したものと言える。もちろん昭憲皇太后についても同様の傾向は看取されるだろうが、節子の場合は大正天皇の病と裕仁皇太子と並行して長期的に行動したことによって、その在り方がより顕在化したということができるだろう。すでに大正天皇を「守成《しゅせい》の君主」とみなす先行論があるが（古川隆久、二〇〇七）、まさにそれに応答するような、「創られた伝統」をも含めて「伝統」を受け継ぐ皇后として節子はあったということができるのではないだろうか。

〔貞明・香淳皇后　一九二〇頃～一九三一〕

第三章　皇太子妃良子の登場——国民教化と大衆人気のはざま

森　暢　平

はじめに

一九二四（大正一三）年一月二六日、摂政宮裕仁《ひろひと》親王は、久邇宮《くにのみや》家の長女、良子《ながこ》女王と結婚した。半年前に関東大震災が起こり、摂政宮は二三年一一月、「国民精神作興詔書《さっこうしょうしょ》」を発している。「浮華《ふか》放縦《ほうしょう》ノ習」「軽佻詭激《けいちょうきげき》ノ風」を非難し、「質実剛健」「醇厚《じゅんこう》中正」に立ち返り、国家の興隆を図れと民衆を戒めたものだ。そのため「御成婚」では、新しい皇室カップルが国民教化のための模範とされ、マスメディアは二人が道徳的にいかに優れているかを喧伝《けんでん》していった。当時、工業生産が飛躍的に増大し、新中間層と呼ばれた都市住民が、社会の重要な位置を占め始める。婦人の自覚が唱えられ、女子教育の重要性も増していた。第一次世界大戦が終わり、国際連盟が創設されると、日本は世界の五大国のひとつとなった。民衆は、この国に生まれたことに誇りを持ち、自ら「国民」であろうとしたのである。社会教育家の高島米峰《べいほう》は、二人の結婚について「国家的にも、民族的にも、多くの意義があるのでありまして、他の民族には、到底見ることの出来ない盛儀《せいぎ》であります」と誇らしげに述べている（東京市編、一九二四）。国民国家の枠組みが完成し、国家の中心としての皇室が、民衆の間で強く意識された時代であった。

いっぽうで、百貨店が消費の場となり、新聞、映画などのマスメディアが発達する。大衆消費社会が形成され始めた時代でもある。「御成婚」当日、東京市内の自動車列沿道に集まった民衆の数は五〇万人とも六〇万人ともいわれる。日比谷公園のバラック村（被災者簡易住宅）には、「奉祝丼」や「ごけいじ（御慶事）あんころ」を売り出す簡易飲食店まで現れた（『婦女界』二九巻三号、一九二四）。消費社会のなかに二人がいたわけである。

国民国家の完成と、大衆消費社会の先駆的形成という二つの潮流のなか、当時の為政者は、あるいは民衆は、良子に何を求め、良子の姿に何を見ようとしていたのだろうか。本章は、結婚前の良子をめぐる問題を検討することで、良子に対する二つの視線について考えていく。そのことを通じて「皇后とは何か」という本書の問いへの答えの一端を示すことが本章の目的である。具体的には、皇太子妃良子の決定過程、「お妃《きさき》教育」、宮中某重大事件、良子の西日本旅行を順番に見ていきたい。

一　皇后の条件

他の候補者たち　良子女王に対し、皇太子妃「御予定の御沙汰」が下ったのは一九一八（大正七）年一月一二日である。さらに、翌年六月一〇日、皇太子妃「御内定」の内旨《ないし》が下る。「御予定」といい、「御内定」といい、分かりづらいが、正式決定に先立った手続きである。正式には、天皇の許可（勅許）が必要で、これは二二年六月二〇日であった。「御予定」から正式決定までおよそ四年半。時間がかかったのは、途中、宮中某重大事件（後述）という大波乱があったからである。

まず、「御予定の御沙汰」までの経緯、すなわち、なぜ良子が選ばれたのかについて見ていきたい。良子の伝記でもっとも早く書かれた小山いと子の『皇后さま』（一九五六）は、ほかの皇太子妃候補に、梨本宮方子《なしもとのみやまさこ》と一条朝子《いちじょうときこ》がいたと書き、その見解を引き継いでいる伝記が多い。ただ、梨本宮方子は一九一六年八月の段階で、旧朝鮮王朝の李垠《りぎん》と婚約しており、ほんとうに宮内省が検討したかどうかは疑わしい。一条朝子は、一六年八月一七日と一一月三日の『読売新聞』に皇太子妃候補と書かれるほど有力視されていた。皇太子妃は近衛、九条、二条、一条、鷹司の五摂家出身であることが多く、実際、英照《えいしょう》皇太后は九条家、昭憲皇太后は一条家、貞明皇后は九条家の出であったからだ。しかし、嘉仁《よしひと》皇太子の妃選びでも皇族が第一、適任者がいなければ五摂家、清《せい》華《が》家、公爵家、侯爵家と探していくという方針であり、妃選びの範囲は広がっていた（上野秀治、一九九二）。

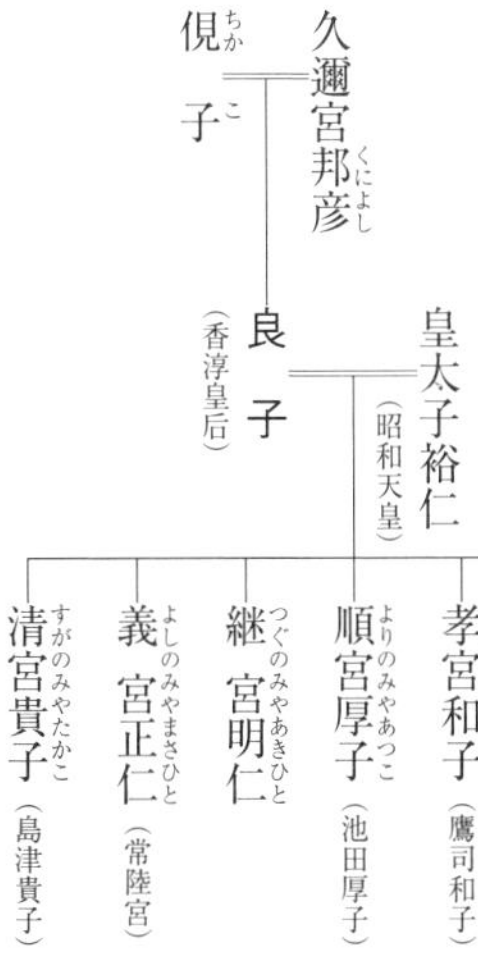

図9　香淳皇后関連系図

『萬《よろず》朝報《ちょうほう》』（一八年一月一九日）によれば、裕仁の立太子の礼（一六年一一月）が終わったころから選考を始めたという。ほかに賀陽宮佐紀子《かやのみやさきこ》を皇太子妃にという運動もあった。

小山の『皇后さま』は、妃選びは貞明皇后が主導したと書く。実際、「御予定の御沙汰」直前の一九一七年一〇月八日、貞明皇后は学習院女学部を視察し、良子をはじめとする在校の女子皇族と面会している。良子の決定に対して、貞明皇后が最終確認する場であったのであろう。しかし、のちに良子に「色覚障がい」の問題が起こったとき、元老らは貞明皇后にほとんど相談していない。貞明皇后が選んだのであれば、真っ先に相談するのが筋であり、貞明皇后主導説はにわかには信じがたい。つまり、多くの伝記が書くように、梨本宮方子、一条朝子、良子の三人の候補がいて、貞明皇后が選んだという説は史料的には裏付けはない。良子が選ばれた経緯はいまだに「不明確」（小田部雄次、二〇〇九）である。

宮内庁宮内公文書館に所蔵される「皇太子裕仁親王御婚儀の件」（以下、「御婚儀書類」）によると、最終的には山県有朋《やまがたありとも》、松方正義《まつかたまさよし》、西園寺公望《さいおんじきんもち》の三元老が、一九一七年一二月二二日に会合し、波多野敬直《はたのよしなお》宮内大臣から各種調査の報告を受けて決定したことが分かる。このとき良子は学習院女学部中等科三年の一四歳であった。

遺伝的悪疾　良子の父、久邇宮邦彦《くによし》王には懸念があった。良子の兄、朝融《あさあきら》王に軽い「色覚障がい」があるほか、母・俔子《ちかこ》の実弟である島津忠重《ただしげ》にも同様の障がいがあった。このことから、俔子の実母である寿満《すま》（島津本家当主、忠義《ただよし》の側室）に「色覚障がい」の遺伝因子保有の疑いがあった。邦彦はこのため、宮家担当の医師、角田隆《つのだたかし》（京都府立医専教諭）に「色覚障がい」の遺伝について調査させている。その結果は、良子には「色覚障がい」の因子はなく、結婚に問題はないというものであった（渡辺克夫、一九九二）。

なお、「色覚障がい」は当時、色盲と呼ばれた。近年「障害」と呼ぶよりは、見え方の多様性であるとの見解から、「色覚多様性」と呼ぼうという動きもある。本章でも「色覚多様性」と書くべきかもしれないが、一般には広がっていないため、やむをえず「色覚障がい」という用語を使用する。しかし、差別意識を助長する意図はまったくないことを明記しておきたい。

「御婚儀書類」には、この角田診断書について何も触れていない。しかしながら、寿満については報告書がついており（「久邇宮妃俔子殿下生母畧歴」）、そこには興味深い記述がある。

〔側室の〕血統ハ旧藩時代ヨリ上下共其取調尤モ厳重ナルヲ以テ〔寿満に〕遺伝的悪疾等ノ患ナキコトヲ島

津家ニテ保証ス

記述は、「色覚障がい」の疑いが生じて調査したことは触れていない。しかしながら、わざわざ「遺伝的悪疾」がないことを強調し、島津家が「保証」すると書いている。たしかに角田診断書の結論は、「『色覚障がい』因子はない」ということだから、「遺伝的悪疾」がないという結論は診断書のとおりである。だが、「疑い」が生じて調査をしたことは隠蔽されている。つまり、波多野は良子の周囲に「色覚障がい」の者がいることは報告しなかった。

表　良子女王の中等科３年１学期の成績

国語			外国語		歴史	地理	数学	理科	図画	裁縫	音楽
講読	作文	習字	講読	作文会話							
甲	甲	甲	乙	乙	甲	乙	甲	乙	甲	甲	甲

波多野は、問題が表面化したとき、山県から「色覚障がい」を伝えなかったことを詰問された。このことについてのちに「予ハ色盲ナドイフ病症ハ始《ママ》テ聞キタル位ニテ別ニ意ニ介スベキモノニアラザルベシ」と述べている（「申酉回瀾録」）。波多野が、知らなかったというのは、責任を免れるための言い訳であろう。実際、波多野の事なかれ主義的対応が、のちに大きな問題を引き起こしてしまう。

重視されたこと　さて、良子選考にあたって重視されたのは何であろう。「御婚儀書類」には、中等科三年次一学期の成績がある。それを見ると、甲が八科目、乙が四科目。外国語（フランス語）や理科の成績が「乙」であり得意ではなかったことが分かる。成績はよい方ではあり、「上の中」くらいには位置するが、学年トップというわけではない。当時の新聞は良子がきわめて成績優秀と強調することが多いが、誇張した表現である。ただ、全般的に見れば、良家の子女が集まる学習院女学部でそれなりの成績を残し、教養をはぐくんでいたことが分かる。

それより重要であったのは、多産系であるかどうかではないか。母・俔子は六人の子供を産んでいる。また、父方の祖母、泉亭萬喜子《いずみていまきこ》は九人（うち成人したのは六人）、母方の祖母、寿満は一二人（うち成人したのは八人）を産んでいる。その多産を保障するように、体格についてはさまざまなデータが残されている。

「御婚儀書類」には、東京帝国大学医科大学教授で宮内省御用係、三浦謹之助《みうらきんのすけ》の拝診書（一九一七年一一月付）が収められている。良子が選ばれる最終段階で、三浦が良子の健康をチェックしたものである。このなかに良子の体格の記録がある。身長はちょうど五尺（一五一・五センチ）、体重が一〇貫三五〇匁（三八・八キロ）であった。学習院での五月段階の定期診断では、身長四尺九寸三分（一四九・四センチ）、体重九貫九四五匁（三七・三キロ）であったことも記録され、半年間で身長が二・一センチ、体重が一・五キロも増えていた（体格のデータは先の成績とともに現在は不開示）。「御婚儀書類」には、一四歳女子の身長体重の全国平均と学習院女学部平均も書かれている。良子は、身長体重ともに全国平均、学習院女学部平均を上回っている。

ちなみに、現在の中学三年生女子の全国平均は、一五六・五センチ、五〇・〇キロ（二〇一七年度学校保健統計調査）であるから、良子の身長体重はこれにはおとる。ただ、栄養状態が違い、当時の女子の発育は現在よりは遅かった。「御婚儀書類」には、一四歳から一八歳までの女子の平均身長体重の表もあり、大人になったときも平均より体格がよいことが予想されると説明されたと考えられる。

しかし気になることは、平均を上回っているとはいえ、体重が三八・八キロと痩せ型であったことだ。実際に、良子の体重は懸念の材料となる。体重は予想どおりには増えず、一九歳となった一九二二年、倉富勇三郎《くらとみゆうざぶろう》は「良子女王の体重は十一貫目前後にて、動《やや》も〔す〕れは十一貫目以下になるとのことなり」と日記に記している（『倉富勇三郎日記』一〇月二八日条）。一一貫とは四一・三キロであり、これは当時の一八歳女性の全国平均（四六・

八㌔)、学習院女学部平均(四七・六㌔)を下回っていた。同時期の身長は一五六㌢を超えており(『東京朝日新聞』一九二一年五月二五日)、これを併せて考えてもかなりの痩せ型である。「体重」が多産の象徴であり、だからこそ倉富が「痩せ」を懸念しているのである。

だが、一四歳の段階では、良子は、健康で病気らしい病気がない女性であった。長刀《なぎなた》やテニスなど運動が得意であること、妹や弟の面倒をよく見るしっかり者であることが好感をもって受け止められた。

のちの宮内大臣、牧野伸顕《まきののぶあき》は、結婚の勅許を得る際、「妃殿下御選定は御健康、御体格等は固《もと》より考慮すべき条件なるも、将来国母陛下と仰ぎ奉る御仁徳が同時に最も大切」と述べている。そのうえで「良子殿下の御仁徳を富ませられ、未来の国母陛下として御資格の備は」っていることは間違いないと皇族たちに美点を説明した(『牧野伸顕日記』一九二二年五月一六日、二九日条)。体格などに問題は残るが、思いやりの気持ちなど性格が優れているというのが牧野の判断であった。

二　「お妃教育」

最高水準の教育　良子女王に「御予定の御沙汰」が下ると、宮内省と久邇宮家では、良子に特別教育を施すことを決める。「お妃教育」である。すなわち「御予定の御沙汰」の三週間後の一九一八(大正七)年二月四日、良子は学習院女学部を退学し、麹町一番町の宮邸内の「御学問所」で「お妃教育」を受けることになる。結婚は当初、皇太子裕仁親王の「帝王教育」が終わる一九二一年が想定されていたから、三年の教育が見込まれていた。勅許に先立って皇太子妃に「御予定の御沙汰」が一四歳の良子に下ったのも、皇族や華族の若い女性たちの婚約が早く決まり、裕仁の相手が見つからなくなる事態が懸念されると同時に、早めの「お妃教育」の必要性が認識されていたからであろう。

前代の貞明皇后も婚約がなると、華族女学校を退学し、フランス語を学んだり、下田歌子らの特別教育を受けたが、「御学問所」のような体系的なものではなかったし、期間も一年足らずであった。この違いは何であろうか。

それには、裕仁の帝王教育と同様、「お妃教育」の時代的要請が高まっていた事情があるだろう。裕仁は一九一四年三月、学習院初等科を卒業すると東宮御学問所で「帝王教育」を受け始めた。学習院院長であり、裕仁の教育の責任者であった乃木希典《のぎまれすけ》が「国家の主権者としての天皇にふさわしい知識、徳性の涵養《かんよう》が、中等教育の段階から要求される」と考えたからであった（大竹秀一、一九八六）。同時に、高い水準の「帝王教育」を受ける皇太子像を民衆に見せる必要があり、民衆の側にも、天皇であるからには最高水準の教育を受けるはずだという期待があったといえる。「帝王教育」とは実質とともに「見かけ」が大事なのであった。

良子の特別教育もこれと同じ論理で実施された。すなわち「坤徳《こんとく》」（皇后としての徳）を磨くためであることが強調され、最高水準の教育内容がマスメディアを通じて民衆に知らされたのであった。

「皇后の学校」の教師　教育の責任者（教育主任）の選定であるが、東京女子高等師範学校教授である後閑菊野《ごかんきくの》が選ばれた。旧姫路藩士の家に生まれ、当時、五一歳。『家事提要』『作法教科書』など数々の教科書を著した女子教育の第一人者で、のち桜蔭《おういん》高等女学校の初代校長を務めた人物である。つぎに教育の中心となる倫理の教師であるが、裕仁に倫理を教えていた杉浦重剛《すぎうらしげたけ》が選任された。将来の天皇皇后に同じ倫理教師をつけたのである。杉浦は皇太子の教育に専念するつもりであったが「末来に於《お》ては東宮妃殿下として更に進んでは国母陛下として立たせ給ふべき御身の上にあらせられるから〔略〕遂に意を決して引受けられた」（大町桂月・猪狩史山、一九二四）のであった。

良子が学んだのは、当初一四科目であり、その教師は以下であった。修身（杉浦、後閑）▽国語（後閑）▽作文（竹田みち）▽漢文（竹田）▽数学（鈴木元美）▽化学・物理（鈴木）▽歴史（依田豊《よだゆたか》）▽地理（依田）▽フランス語（伊東清子）▽音楽（伊東）▽習字（小野鵞堂《おのがどう》）▽体操（土取信）▽和歌（大口周魚《おおぐちしゅうぎょ》）▽琴（山本なみ）。このうち伊東は結婚し（本野に改姓）、夫のフランス赴任にともなって渡欧した（一九一九年一月）ため、音楽教師は神《かん》戸絢《べあや》、フランス語教師は児玉錦平《こだまきんぺい》に代わる。

ほとんどが、学習院、東京女高師、府立第一高女の教育の専門家であるか、ある分野で一流の人物であった。たとえば、習字の小野鵞堂は、明治、大正の「かな書道界」を代表する大家であり、神戸絢は文部省から派遣されパリ音楽院で学んだ一流のピアニストであった。

良子の日記　「御学問所」での様子について、新聞や雑誌は、良子がいかに、徳の高い人物であるのか、良子の日記や作文を引用して強調した。たとえば、『東京朝日新聞』が一九二二年に連載した「良子女王御生立《おんおいた》ち」には、御学問所で書いた作文が掲載された。それは「自分は生れ乍《なが》らにして世の四恩を受けて居る、人の同情心はその境遇に依つて深い浅いの相違があると云う事だが、自分も此《こ》の境遇に居る為世に対する同情が浅くはないであらうか、自分は夫《そ》れをおそれる」との内容であったという（『東京朝日新聞』五月二七日）。あるいは、夏の暑い日、千葉県の銚子海岸に出かけ、小学生の列から出迎えを受けたことについて「夏日の照る中に長い間立つて迎へてくれる人達の事を思ふと気の毒で堪《た》へられない」と書いた日記も紹介されている（『東京朝日新聞』五月二二日）。若いながらも国民への慈愛を忘れない女性であることを強調する内容である。

また『東京日日新聞』（一九二一年二月三日）には、中江藤樹について書かれた作文が掲載されている。そこには「民衆を感化したる〔藤樹の〕平素の徳行は〔略〕世界の聖人として尊崇すべき人格を表はせるものといふ〔べきで〕」「学〔は〕藤樹の如くなり得ずとも、其の徳は彼の如く進むべく孜々《しし》として勉むべきことを期す」と良子自身の決意が書かれていた。

また、一九二四年に出版された『良子女王殿下御生立』には、中等科三年のときの作文が掲載されている。長《なぎ》刀《なた》で、男子と女子が互角に戦っている試合を見た良子は「女子にてもある場合には精神こめてすれば男子にも劣らざれば私もその心懸《こころがけ》にならねばならぬ」という良子の言葉が紹介されている。婦人の自覚が力説された大正期、女性のあり方の模範となるような表現である。このほか、良子が靴下を自分で片づけるなど自分のことは自分でやるとか、自宅の田から刈った稲を邸内の社に備えるなど敬神の念が強いなど、道徳的な内容が並ぶ。『良子女王殿下御生立』は少年少女向けの書籍であり、良子女王を一〇代の子供たちの模範として記述している。

つまり、この国で考えられる最高水準の「お妃教育」を受けたからには、最高水準の徳を身につけているはずであると考えられていたことが分かる。日記や作文は久邇宮家や学習院から流出したと考えられ、意図はどうあれ、結果として国民教化のために使われたのである。

三　宮中某重大事件

人倫論　宮中某重大事件とは、良子の母方の系統に「色覚障がい」の因子があることが分かり、元老山県有朋らが婚約辞退を主張したことから始まった出来事である。一九二〇年一一月ごろから、一部の関係者の間で広まり、婚約破棄をめぐって、山県と久邇宮邦彦が争った。さらに、杉浦重剛が、いわゆる「人倫論」の立場から婚約破棄に反対し、運動として広がっていく。紀元節の二一年二月一一日、杉浦の考えを支持する国粋主義者たちが明治神宮で結婚成就の大規模な示威活動を行うことが予定された。これに危機感を覚えた波多野の後任、中村雄次郎《ゆうじろう》宮内大臣が、自身が辞任することで騒ぎをいったん抑えることを決意。それまで報道が禁止され、多くの民衆が事件の内容を知らないなか、宮内省は「良子女王殿下東宮妃御内定の事に関し世上種種の噂あるやに聞くも右決定は何等変更なし」と発表したのであった（二月一〇日）。

ところで、杉浦の人倫論とはどのような内容であったのだろう。一九二〇年一二月三日、杉浦は東宮職のある高輪御殿で浜尾新《はまおあらた》東宮大夫《だいぶ》と会った。杉浦は、今回の事件は「倫理上ノ実際的重大問題」であるとしたうえで、婚約が破棄されるのであれば「良子女王殿下ハ自殺セラルルカ、或《あるい》ハ尼ニテモ成ラせ給フノ外《ほか》ナカルベシ。斯《か》ル不仁ノ行ヒアリテハ、固《もと》ヨリ天下ニ仁政ヲ布キ給フコトモ亦《また》難カルベシ」と述べる。この国では、仁愛、すなわち他人に対する親愛の情に基づく「仁政」が行われなければならず、皇室こそ、その中心なのに、婚約破棄という「不仁」が行われるのはおかしいという論理である（「申酉回瀾録」）。

「仁愛」は、杉浦倫理の中心である「徳」のひとつである。皇室自体が仁を示すことができないのであれば、どうして国民の範となることができようか、というのが杉浦の中核的な考え方であった。

純血論　杉浦らの人倫論に対置するように、山県に代表されるような「純血論」があった。神聖な皇室の血統にいささかの「瑕疵《かし》」が入ることが許されないと考える、ある種、本質主義的な考えである。

事件の発端は一九二〇年四、五月ごろ、学習院の視力検査を担当した陸軍軍医学校教官の草間要《くさまかなめ》医師（眼科）が、久邇宮邦英《くにひで》（良子の弟）が「色覚障がい」であることを見つけたことである。草間は良子の子孫にも遺伝する可能性を考え、軍医学校長に話した。このことが、山県の耳に入った。山県は、良子から生まれた将来の天皇が、秋の紅葉も夏の緑葉も看別できないのでは不幸なだけでなく、「至神至聖なる皇統に永く此《か》かる疾患を遺すは真に恐懼《きょうく》の至りに堪えず」と苦悩したという（高倉徹一編、一九六〇）。山県は、松方、西園寺の両元老と相談し、学問上の根拠を正確に探究するため、中村宮内大臣に調査するように命じたのである。そして、宮内省御用掛の保利《ほり》真直《まさなお》（眼科医）が中心となった意見書（二〇年一一月一一日付）が提出された。それは、良子は「色覚障がい」因子保有者であるとの前提に立つものである。そして、二人の間に生まれた男子が「色覚障がい」となる可能性は五〇％《パーセント》であるとした。山県は結論が出た以上、久邇宮家のほうから辞退の申し出があるのは当然と考え、意見書が久邇宮邦彦に渡るように手配し、辞退の申し出を待ったのである。

久邇宮邦彦の反撃　しかしながら、久邇宮は簡単には従わず、反撃に出た。貞明皇后に、口頭覚書《こうとうおぼえがき》と題した書簡を渡し、自ら辞退するつもりはないと宣言する（一一月二八日）。久邇宮はつぎの趣旨を書いた。すなわち、皇室のことは、国民が敬虔の気持ちで注目している、もし皇太子の結婚のような大事なことを軽々しく変更したら、物議を醸すことは確実だ——と。そして、久邇宮家は、「御予定の御沙汰」の前、結婚を受ける決心をつけるため遺伝に関して十分な調査をしたのだと主張した（「中西回瀾録」）。

調査というのは、久邇宮が三年前、角田隆に依頼して提出させた診断書（色盲ノ種類及遺伝説）のことである。その要点は、良子の母、俔子《ちかこ》が「色覚障がい」因子保有者であっても、女子たる子供である良子は因子保有者ではなく、それゆえ「色覚障がい」は良子以下には遺伝はしないというものであった。こうした結果を得ていたからこそ、良子を皇太子妃とする決意をなしたのだと久邇宮は言うのである。こうなると、良子が「色覚障がい」因子保有者であるとの前提に立つ保利意見書と、良子は因子保有者でないとする角田診断書は真っ向から異なることになる。

結論からいうと、角田の考えは間違っていた。なぜなら「色覚障がい」因子保有者の女性（俔子）と健眼者の男性（邦彦）の間の女子が、「色覚障がい」因子保有者となるのは半々（五〇パーセント）であるからだ。角田は病理学や神経学の専門家であり、日本に本格的に紹介されつつあったメンデルの法則をよく理解していなかったと考えられる。

いっぽう、保利意見書にも、見落としがあった。保利は、良子と裕仁の間の子供の検討に重点を置くあまり、俔子と生母、寿満との遺伝関係について詳しく検討するのを怠り、良子が因子保有者でない可能性を見落としていたのである。繰り返すが、「色覚障がい」因子保有者の女性（俔子）と健眼者の男性（邦彦）の間の良子が因子保有者となるのは半々である。

五博士報告書　保利意見書、角田診断書の相違を受けた山県と久邇宮は、権威者に再鑑定を依頼することで合意した。こうしてできたのが、東京帝国大学医学部長、佐藤三吉ら五人による報告書（二〇年一二月二一日）である（五博士報告書）。ここで「保利意見書」「角田診断書」の誤謬と見落としは訂正されるのだが、「五博士報告書」はさらに興味深い指摘をしている。

それは、仮に、裕仁と良子の間の男子（将来の天皇）に色覚の「異常」があるにしても、将来「色覚障がい」因子を持たない女子と結婚すれば、さらに次の世代の男子には、「色覚障がい」が伝わることがないとした点であった。最悪の場合でも、「色覚障がい」は一代限りにすぎないことを指摘したのであった。

こうした意味で「五博士報告書」は、久邇宮家側がやや有利となる内容を含んでいた。だが、一代限りとはいっても、将来の天皇が「色覚障がい」を持つ可能性は残り、山県にとっては「良子妃」は受け入れられるものではなかった。ところが前述したとおり婚約遂行を目指す人たちの示威行動に押され、（皇太子妃）内定の「決定は何等変更なし」という政治判断が下されたのである。

牧野の現実論　ただ、その後、正式な婚約まで一直線に進むわけではない。ひとつは貞明皇后が「純血論」にこだわり、さらに一連の経緯のなかでの久邇宮の態度に反感をもっていたためである。原敬《はらたかし》首相も婚約遂行には疑問をもっていた。「天皇の勅許」という正式手続きは、中村の辞任から一年四ヵ月後の一九二二年六月まで待たなければならなかった。

正式婚約にたどりついたのは、宮内大臣、牧野の力があった。牧野は「純血論」ではもちろんないし、「人倫論」ともやや違うプラグマティックな考えをもっていた。彼が重視したのは、「たとえ、『色覚障がい』があるといっても一代限り」という条件であり、マスメディアが未来の皇太子妃としての良子を折に触れ報道しているという現実であった。婚約内定を取り消した場合、民衆がそれに反感をもち、ひいては民衆からの皇室への人気に響くことを計算したであろう。皇室が国民の範であると同時に、民衆からの支持が皇室を支えているという現実を理解した政治家であったといえる。

ところで、当の良子はどう思っていたのであろうか。それを知る史料はないから心中は分からない。ただし、彼女の教育主任、後閑《ごかん》は、折にふれマスメディアに情報提供するなど婚約遂行運動のなかで積極的な役割を果たした。良子も、後閑や父、邦彦のいいつけどおりカメラマンの前で、写真を撮られることを厭わなかったことは指摘できるであろう。

四　スタアとしての婚約者良子

皇室写真の規制緩和措置　マスメディアが発達し、大衆が皇族の図像を身近に感じることができるようになったこの時代、若きプリンス、裕仁皇太子と婚約者である良子の世俗的な人気は高まっていった。裕仁人気は、一九二一年三月から約半年にわたったヨーロッパ訪問の際に最高潮に達する。欧州から送られてくる写真や映像を、大阪毎日新聞社、大阪朝日新聞社などが競って公開し、人びとは欧州で歓待される裕仁皇太子の姿に、五大国となった日本の国民である誇りを感じたのである。

この時期に重要なのは、皇室写真をめぐる規制緩和がなされたことである。それまでは、天皇、皇太子など内廷皇族の写真は、馬車か人力車に乗っているもののみ許可され、それもかなり遠い地点から撮影しなければならなかった。しかし一九二一年八月、徒歩または乗馬している際でも不敬にならなければ撮影可能となり、さらに活動写真の撮影もできるようになった。事実上、かなり自由に撮影してよいことになったのである（楠谷遼、二〇一三）。こうした変化は、大衆消費社会の出現という時代の変化に対応し、内務省と宮内省が政策を改めた結果である。

宮中某重大事件の際、久邇宮家は婚約を既成事実化するために、新聞社に情報を提供していた。良子の写真を報道させて、皇太子妃に予定されていることをアピールしていたのである。規制緩和は、皇太子妃内定の「決定は何等変更なし」という発表（一九二一年二月）のあと、「天皇の勅許」（二二年六月）を待つまでの間になされ、久邇宮家側はこの政策変更をも利用して「良子妃」の既成事実化を図っていく。

図10　海に入る良子

良子の写真露出　一例をあげる。規制緩和措置を知った婦人雑誌『婦女界』は、箱根湯本《ゆもと》に滞在中であった久邇宮一家に取材を申し込んだ（一九二一年八月）。対応した事務官は「あれ〔取材規制緩和の新方針〕によると、新に新例が開かれるわけですから、宮様方さへお許し下されば、〔取材は〕出来ないわけはないかも分りません」と答えている。結果的に突然の申し出にも関わらず、良子を含む久邇宮一家は、旅館でくつろぐ姿を撮影させる。『婦女界』（二四巻四号、一九二一）に写真と、箱根湯本に一家を訪問したルポが掲載される。

一九二二年、結婚の勅許が間近に迫ると、久邇宮家は、良子の写真露出を急に増やす。同年四月から五月で見ると、神奈川県鶴見町（現・横浜市）の総持寺訪問▽代々木練兵場での野馬追実演見学▽東宮御所への参殿▽フランス美術展覧会見学——と、良子が写真で紙面に出る回数が急増するのである。

さらに、物議を醸すような写真も公開される。一九二二年六月一〇日、千葉県幕張海岸で潮干狩りをしている場面の写真撮影を許すのである。和服姿の良子が、裾をひざ下までたぐりあげ、海に入る図像であった（図10）。

こうした過剰な露出は、宮内省幹部たちを困惑させた。実際、結婚勅許の際、牧野伸顕宮内大臣は、久邇宮に対し、良子の記事や写真が新聞に出ることは出来るだけ避けるようにと注意している（『牧野伸顕日記』一二一年六月二一日条）。

良子の西日本旅行　注意を受け、久邇宮は良子のメディア露出について若干遠慮はするものの、結婚が近くなるとメディアへの協力をやめることはなかった。そして、結婚勅許ののち、メディアが良子をもっともクローズアップしたのが、一九二三年五月から六月の西日本への旅行である。邦彦、俔子そして妹の信子《のぶこ》とともに、三重、奈良、京都、香川、岡山、福岡、熊本、鹿児島、宮崎、大分、山口、広島、大阪、兵庫の一四府県を巡った大旅行であった（五月四日から六月五日）。

注目すべきは、全行程が活動写真（映画）として撮影され、広く公開されたことである。その中心は、大阪毎日新聞社であり、「良子の動静を撮影せよ」との下命を受けて、全行程撮影の公認を受けていた。たとえば、出発に先立つ一九二三年四月下旬、ピアノの練習、妹・信子との合唱、テニスやビリヤードをしている様子などが撮影された。旅行中も、列車の食堂車で笑顔でくつろいだ容姿など人間的な姿をカメラの前でさらしたのである（森暢平、二〇一六）。

映画は、ときとして即夜上映された。事前に撮りためた分にその当日撮影された分を併せて訪問先で上映する方式である。たとえば、九州滞在中で見れば、五月一四日門司▽一五日福岡▽一六日久留米▽一七日熊本▽一八日鹿児島▽二〇日宮崎▽二二日別府▽二三日大分▽二四日宇佐、と原則として滞在した町でその夜に上映されている。熊本市の場合、熊本高等小学校校庭で上映され、約一万五〇〇〇人が会場に集まった。旅行の様子が順番に紹介され、熊本に到着したシーンになると、観客たちは「昨日今日目の前拝し奉た光景を見つめ、最後に万歳三唱して散会したという（『大阪毎日新聞九州附録　西部毎日』五月一八日）。翌日の鹿児島でも、午後二時までの動静を午後七時半開始の上映に間に合うように現像編集し、観客たちはその迅速さに「驚嘆」したという（同前五月一九日）。若い女性皇族が屈託のない笑顔を見せてスクリーンに映り、皇室と民衆との関係に新しい局面を開いたといっていい。皇室が映画スタアと等価となったのである。

実は、久邇宮家は新聞社や映画社に対し大きな便宜を与えていた。同家から各府県知事に宛てた文書によれば、「当方ニ於テ之〔撮影〕ヲ制限シ又ハ取締ルコト行ハレ難」いため、取り扱いは各府県に任せることを伝えた（森暢平、二〇一六）。指示された場所で取材するなどの条件で、かなりの撮影の自由が認められたのである。たとえば、宮崎県の名勝地、青島では、写真班が砂浜に線をひいた場所まで、良子たちは前進し、ごく至近距離で撮影ができた。良子自身もカメラを強く意識し、ポーズをとることもしばしばあった。

実際の報道では良子の「平民性」が強調された。鹿児島市の百貨店、山形屋でアイスクリームを食し、サイダーを飲んだことが報じられる。同市内で「買上の光栄」を得た商店や製造元は「久邇宮一家買上」の広告を新聞に掲載した。良子は若い女性の消費のモデルでもあり、大阪ではわざわざ化粧品の製造工程を見学、当時、消費量が大幅に伸びている化粧品を宣伝するような日程まで組まれるのである（森暢平、二〇一六）。

良子の肉声も報じられた。宿舎に新聞社からの写真が献上されると「鹿児島新聞の写真班で写したの？　マア！　良く出来てるのね」（『鹿児島新聞』一九二三年五月二一日）といった若い女性らしいはしゃいだ様子が、活字になるのである。

絵葉書メディアと小説

ところで、良子の旅行を図像として伝えたものは、新聞写真であり、映画であり、また『良子女王御巡遊画報』（大阪毎日新聞社・東京日日新聞社編、一九二三）のような画報雑誌であった。だが、も

図11　京都府立植物園でイチゴ摘み

う一つ忘れてならないのは、絵葉書というメディアである。新聞は速報することに優れており、映画はこれを映像として伝えた。無声映画の時代であり、弁士や説明者の話で、映像はさらに興味深い物語に仕立てられていたであろう。しかし、いずれにしてもモノクロである。これを色鮮やかなカラーで伝えたのが絵葉書であった。

西日本旅行の良子の姿を伝えた絵葉書は数多い。図11は京都府立植物園でイチゴ摘みをするところである。もとになる新聞写真があり、それを模写したものであろう。先に示した図10もまた、新聞写真を模したものであった。注目すべきは、裾の下から、肌着の一部が少し覗いていることである。それ以前なら「不敬」と呼ばれかねない図像であったが、堂々と流通し、民衆はその平民性——「私たち」との変わらなさ——を楽しんでいた。

ところで、小説家、菊池寛は一九二五年三月から翌年一二月、女性誌『婦女界』に「受難華《じゅなんげ》」という小説を連載した（三一巻三号から三四巻六号）。そのなかに主人公のひとり、女学校を出たての寿美子が大手銀行の頭取の子息と結婚することになり、新婚旅行として高松、琴平《ことひら》、別府、宮島に行くという話がある。瀬戸内海を船で移動し、高松の栗林公園の見学し、別府での湯治《とうじ》を楽しむ。舞台はすべて良子の西日本旅行と重なっている。『婦女界』読者は連載開始の二年前、誌面で良子の旅行の記事を読んでいたわけだから、小説と良子を重ね合わせたはずである。菊池寛自身、良子の旅行を下敷きにプロットを作っていった可能性もある。菊池が描きたかったものは「新しい女性」像であった。各地の景勝地を旅行する結婚直前の良子は、若い女性たち、とくに女学校を出た新中間層の女性の憧れのイメージであったといえる。

この時期の女性雑誌は、新中間層の本格的な登場を背景に、小市民的な家庭中心の生活、消費重視の生活の理想を描いていた。中等教育を受ける女性が劇的に増え、婦人たちが競って女性誌を読むようになる。こうしたなかに良子像は、消費の範、新しい女性たちの模範でもあったのである。

おわりに

大正という時代、新聞・映画・雑誌をはじめとするマスメディアが急速に発達し、天皇・皇族が民衆の目に触れることが多くなった。「国民」意識が高まり、皇室が「国民の範」であることを見せる必要が生じたのである。皇室写真の規制緩和は「国民」の「見たい」という欲望を答えることで、皇室への支持、さらには国体への支持を得るための試みであったということができよう。こうしたとき、皇族がすぐれた仁徳の持ち主であることが重要になる。人目にさらされるからこそ、真の仁徳者であることをアピールする必要が出てくる。こうした時代に良子が皇太子妃に選ばれた。皇族の家に生まれたことは、教育がしっかりしていることを保障するものであった。

どのような人物であるのか「作文」の内容が公開され、若いながらも自分の徳が儒学者のそれに近いものになるよう勉めようと努力する、ひたむきさこそ為政者が「国民」に見せたい皇太子妃像であった。そして、仁徳をさらに高めるための「お妃教育」が行われていた。それは、良子の仁徳を完成させるとともに、最高水準の教育を受けている姿を民衆に見せるための装置でもあった。

皇太子妃の選定にあたっては、伝統的には多産系であることや、それを象徴する体格などが重視される傾向にあった。その考えを極限まで突き詰めると、天皇の身体にいささかの瑕疵《かし》があってはならないという思想になる。山県有朋の考え（純血論）は、大正天皇の心身に病気が見られたという現状への懸念から生じたとともに、国体の磐石のためという元老らしいこだわりから生じたものであろう。これに、一度なした婚約という約束は守られるべきだという「人倫論」が対置されるのだが、本章が注目するのはむしろ、牧野伸顕の「現実論」である。「色覚障がい」が出るにしても一代限りであるし、民衆の不評を買ってまで純血にこだわる必要性があるのかと考える牧野は、皇室の「本質」よりも、「見え方」を重視する。マスメディア時代だからこその考え方だともいえるし、合理性を重視した思想ともいえる。

しかしながら、いっぽうの民衆たちは皇室を自分たちの見たいように見ていく。その視線は、映画のスタアに対するものと連続し、よい意味では憧れ、悪い意味では世俗的な興味、のぞき見趣味である。

国民国家の完成と、大衆消費社会の先駆的形成という二つの潮流が見られた大正期、国民と女性の範、新中間層からの憧憬、世俗的関心……と、良子への視線は一様ではなかった。ただ、大きくいえば教化・啓蒙のレベルと世俗的な憧憬・興味のレベルという二つの視線が入り混じった場所に良子はいた。「未来の皇后」が、国民の範であるべきだという為政者の期待と、私たちの憧憬の対象としたいという民衆からの期待は、ある部分で重なり、ある部分で反発しあいながら、良子像は成立していたのである。

こうした皇族女性像は、デモクラシーという時代相が戦争の時代へと変化するとともに忘れ去られていく。しかしながら、戦後、正田美智子という新しい皇族スタアとともに復活を果たすのである。

第四章　総力戦体制のなかの香淳皇后

〈香淳皇后　一九三一〜一九四五〉

河西秀哉

はじめに

一九三一（昭和六）年九月、満洲事変が勃発した。日本はこれ以後、長い戦争を継続させていくことになる。そのなかで、皇后はどのような役割を果たしたのだろうか。

一九二六年に即位した昭和天皇は、皇太子の時より大正期の世界的な君主制の危機やデモクラシー状況に対応して、新しい皇族としてのイメージを形成しながら行動していく。その妻となった香淳皇后もそうしたイメージに適合的な存在として登場したものの、前章で述べられたように、急速にそのイメージはしぼんでいった。そして戦争の時代に突入する。

香淳皇后はこの時期に子どもを産み育てたこともあって、家庭の「母」としてのイメージがより強くなっていった。とはいえ、時代状況の変化に伴って、プライベートな家庭のあり方は次第に否定され、皇族としての公的な部分が肥大化していく。この肥大化が、総力戦体制のなかでは「国母」としての皇后像へと展開していくことになる。そしてそれが戦争へと利用された。

図12　明仁親王を抱く香淳皇后

皇后はこの時期にあっても、それまでの慈恵主義的な側面を継続していった。そして戦争をへるにしたがって、総力戦体制のなかでの女性の模範としての役割を担うように動員されていく。一方で、皇后のイメージがその総力戦体制にそぐわない場合、批判されたことにも言及しておきたい。

一　「公」に包まれていく皇后

子どもたちの教育方針

一九三一（昭和六）年三月、昭和天皇・香淳皇后夫妻に四女順宮厚子《よりのみやあつこ》内親王が誕生する。長女照宮成子《てるのみやしげこ》内親王から続けて四人（二女は夭折）、女性の子どもが続いた。

こうしたなかで、皇后宮大夫を兼任していた河井《かわい》弥《や》八《はち》侍従次長を中心として、同年六月に「内親王殿下ノ御教養ニ関スル意見書」が作成され、一《いち》木《き》喜《き》徳郎《とくろう》宮内大臣に提出された（『河井弥八日記』第六巻収録「河井日記関連資料」）。ここで、皇女たちの今後の教育方針が示される。河井は、皇室は国家の中枢でありその特別の地位にあるのだから、皇族は「御美徳」を磨くような特別な「御修養」が必要だと強調する。さらに親王と内親王とは将来の身分が異なるため、その教育には違いがあると述べ、内親王教育について論じ始める。河井によれば、内親王は「婦人トシテ完全ナル御資質」を身に付ける必要があり、結婚後に「円満幸福ナル御家庭」を作るため、「敬虔《けいけん》ニシテ常識ニ富ミ、質実従順ニシテ正義責任ノ観念強ク、慈愛ニシテ奉養扶育完キノ諸徳ヲ具《そな》」えなければならない。この河井の主張は、ジェンダー的な観念に基づく女子教育とも言えるだろう。

では、これを一般家庭の妻のように、皇室においては皇后が担当するのだろうか。河井はそうは考えなかった。天皇や皇后は「国家億兆民ノ為ニ御精励」する立場にあるのだから、適任者を選び、彼ら彼女らに皇女の教育を任せるべきだと主張した。しかも、河井は皇女の住む場所についても主張を展開する。すなわち、内親王が長く皇居にいては性格に問題が生じるため、適当な時期に移動して、皇居の外に出て住むべきであるというのである。これは、大正期の皇室改革を受けて、天皇皇后が子どもたちと別居するそれまでの慣習を改め、同居する方針に転換したものをふたたび逆行させる意見であった。天皇皇后は子どもとともにプライベートな家庭生活を送るのではなく、国家社会のために公的な生活教育を受けさせなければならない、河井はそう説いたのである（片野真佐子、二〇〇三）。

これに対して香淳皇后は、内親王教育については同意したものの、皇女が皇居を出ることには反対し、皇居内の御所に近い部分に住まわせることを希望した。「宮殿を離るること遠きに従て、皇族らしき御個性を鞏固《きょうこ》にせられずや」（『河井弥八日記』一九三一年一〇月二〇日条）と述べたというが、香淳皇后は娘たちをやはり自分の手元近くに置いておきたかったのではないだろうか。その意味ではプライベートを優先させようとしたのである。

しかし河井の意見は、宮中で支持を得た。牧野伸顕内大臣は「御納得六ケ敷《むつかしき》からん」としつつ、河井の言う別居案を「理想」として、それが行われるのが「最も好ましき事」と述べた（『牧野伸顕日記』一九三一年七月一一日条）。牧野は「小生の意見は種々環境の事情等を参照したる結果なり」と日記に記している。これは、大正期に摂政宮と皇室改革を推進していた牧野が、そこから逆の方針とも言える河井の意見に賛成した理由であった。虎ノ門事件などが起こり、天皇即位もへて次第に権威的な天皇制へと方向性が展開することを牧野は察知していた。それを「種々環境の事情」と表現したのだろう。そうした天皇制においては、家庭的な生活以上に模範としての皇女を育てることを優先すべきだと牧野は考えたのである。そのため、香淳皇后の意見は却下された。

また、香淳皇后の教育方針に対する批判もあった。高松宮は、「両陛下は共に極めて御やさしい。おそらくほんとに御叱《おしか》りになることはあるまい」と述べ、長女の成子内親王が「魚屋とか何屋とか、はてはお寺と云ふやうなものについての概念をもつてゐられないで、国語読本等に関する興趣をおわきにならず、困るやうな話である」と批判する（『高松宮日記』一九三四年一月七日条）。この高松宮の批判は後に明仁親王が生まれたときになされたものであるが、香淳皇后が子どもたちを甘やかしていたため、皇女たちは河井が言うような人々の模範となるべき「御修養」がないと当時思われていたのではないだろうか。それゆえ、天皇皇后とは別に住むことが求められたのである。

結局、成子内親王は女子学習院入学と同時に皇居内に建築される新しい建物（呉竹寮《くれたけりよう》）へ移ることが発表され（『読売新聞』一九三二年一一月二三日夕刊）、翌年四月から実行された。親子別の生活が昭和においても展開されたのである。大正期の新しさを強調する皇室から後退し、「公」を優先する体制に戻ったとも言えるだろう。

行啓する皇后　香淳皇后は一九三一年五月五日、日本赤十字社の総会へ参加するために行啓する（『読売新聞』一九三一年五月六日）。厚子内親王出産から約二ヵ月後のことであり、産休もほとんどないペースで行動を開始したと言ってもよいだろう。その後も東京慈恵会《じけいかい》を訪問し、入院患者を慰問したり新しい設備を見ている（同一九三一年五月二九日）。このように、香淳皇后は明治期以来の皇后の仕事とも言える慈恵的な行啓を積極的に展開していき、人々にその姿を見せていった。

この年には「復興帝都御巡啓」も実施されている。小学校や府立第一高等女学校のほか、震災記念堂や東京同記念病院、隅田公園を訪問している。このうち小学校は教育状況を視察しているが、マスメディアでは「恵まれぬ欠食児童の献立にまで／御仁慈の眼を向けさせらる」（同一九三一年七月五日）と報道されている。震災復興を視察するのが目的の巡啓でも、このように香淳皇后の慈恵主義的な姿を人々に焼き付けるような報道がなされた。この様子はラジオでも放送されているが、隅田公園ではプールを見学、日本記録などを更新していた前畑秀子らの泳ぎを観覧するなど、必ずしも復興視察だけではない行啓も継続していた状況がわかる。

こうした行啓において、貞明皇后と比較すると、香淳皇后の肉声が伝えられることは少なく、自ら意見を表明したりする場面もあまりなかった。また、自分から前に出ることもなかったように思われる。その意味で、香淳皇后だけでは新しい皇族女性像を描き出すことはできなかった。学校などへの行啓では、各宮家の妃も同行しており、一九二八年一月に秩父宮と結婚した勢津子《せつこ》妃、一九三〇年二月に高松宮と結婚した喜久子《きくこ》妃などが、皇室の新しさの部分を担う存在となっていった。このように昭和初期は香淳皇后と宮妃とで、古さ・保守性と新しさ・モダニズムを共存させた天皇制を構築していた。

満洲事変の勃発　一九三一年九月一八日、満洲事変が勃発した。二七日には早速、負傷兵士のために香淳皇后から包帯一五〇人分が下賜されることが報道された（『読売新聞』一九三一年九月二七日）。香淳皇后が包帯を下賜することはその後も継続されており、少なくとも同年だけで三回行われている。『読売新聞』は南次郎陸相の談話を引用しながら、このような香淳皇后の「御仁慈《じんじ》」に「恐懼感激」したと述べている（同一九三一年一一月一八日）。香淳皇后が下賜をした包帯はそれほど多い数ではない。しかし、このような「御仁慈」がマスメディアを通じて人々に広められ、また兵士たちは上官から伝えられることで、戦争に参画していく意識を高めていったものと思われる。そして、香淳皇后は皇太后（貞明皇后）とともに、「酷寒にさらされる出征兵士」に真綿も下賜する（同一九三一年一二月一日）など、ここでも慈恵主義的な行動を取っていく。そしてそれがマスメディアを通じて人々に伝えられていった。翌年にも包帯や真綿の下賜は報道される（『東京朝日新聞』一九三二年一月一九日夕刊など）など、兵士を心配して慈恵主義的な行動をとる皇后像がより構築されていく。

その後も、昭和天皇とともに満洲事変を「痛く御軫念《しんねん》」し慰問使を派遣する（『読売新聞』一九三一年一〇月一〇日）など、兵士たちのことを思い、行動する皇室像が報道され広まっていった。昭和天皇は大元帥として兵士たちを指揮し、香淳皇后は銃後で心配しながらそれを支える、そうしたイメージが満洲事変後に展開されていく。このようにして、戦争を遂行するための象徴として、香淳皇后も動員されていくことになる。

一九三二年夏には、昭和天皇と香淳皇后の那須への避暑問題が生じた（伊藤之雄、二〇〇五）。「時局多端を思召されて今夏は御避暑御取り止め遊ばされる趣きのところ近年稀な酷暑」に健康状態を心配した側近が進言した結果、受け入れたと報道されたのである（『読売新聞』一九三二年七月二八日）。天皇皇后の避暑はそれまでもあった慣例であり、それを取り止めようとした意思が公表されたことは、兵士たちに配慮する天皇皇后の姿としてとらえられた。ここでは避暑は最終的には実施されたものの、そのように兵士のことを思う天皇と皇后のイメージが満洲事変を機に、一挙に定着していくことになる。

明仁親王の誕生　香淳皇后はそれまで四人の女性皇族を出産しており、「女腹」という風評もあったようである。そのため、宮中では昭和天皇に側室をつけてはどうかという案が次第にあがるようになる。特に元宮内大臣の田中光顕がその動きに熱心であった（牛島秀彦、一九八七）。明治期に制定された皇室典範は非嫡出子の皇位継承を認めており、天皇は必ずしも一夫一婦制でなければならないと決まってはいなかった。大正天皇と貞明皇后はたまたまだった。それゆえ、女性皇族が続いたことで、側室案が浮上したのである。

しかし香淳皇后が妊娠し、側室騒動はなりを潜めた。そして一九三三年一二月二三日、男性皇族が誕生する。明仁《あきひと》親王である。それによって側室を置こうとする案はたち消えた。男性皇族の誕生は、すなわち皇太子そして将来の天皇が登場したことを意味する。それだけに昭和天皇や宮中の喜びは大きかった。昭和天皇は男子誕生の知らせを聞き、背広から「大元帥服」に着替えた上で親王に面会したという。天皇にとっては背広が「私」、「大元帥服」は「公」であり、将来の天皇との初対面はわざわざ「公」の服装に変えたことになる（同）。人々の喜びも大きく、マスメディアでは大々的に報道がなされた。そのなかで、香淳皇后が明仁親王に自ら授乳したことを伝える記事（『東京朝日新聞』一九三三年一二月二五日夕刊）は興味深い。香淳皇后が親王に「御慈愛に充ちた御面持」で対面していると記し、彼女の慈愛を強調する。香淳皇后は人々に対してそうした存在であると強調してきたマスメディアは、母親として自身の子どもにも同じような視点を持つ皇后像を描き、そうしたイメージを増幅させていったのである。そして記事は、香淳皇后を「御母性愛の御模範をたれさせ給ふ皇后陛下」と述べた。つまり、香淳皇后の家庭の「母」としての姿が、日本の「母」として模範になる／象徴になるものと論じたのである。家庭的なイメージを描きつつ、香淳皇后を日本の「国母」としてすえていく言説であった。

一九三四年三月には明仁親王誕生記念として、恩賜《おんし》財団母子愛育会が設立され、香淳皇后の母である久邇宮俔《ちか》子《こ》妃が総裁に就任する。乳幼児や児童の保育に関する教化や指導した施設の建設などを目的とした団体が、親王誕生を機に設立されること自体、この出産が「私」ではなく「公」のものであることを示しており、香淳皇后は日本の「母」のイメージをより付与されていくことになる。

そしてその後の明仁親王の育て方に関する対応は、天皇皇后による「私」の家庭が天皇制国家という「公」に包摂されていく過程のようにも見えてくる。「天皇、皇后両陛下には一入御心をくだかせられ側近奉仕者も慎重考慮申しあげてゐるが暫《しばら》くは御姉宮内親王様と御一緒に御膝下で御愛育と承る」(同一九三三年一二月二四日)と述べられるように、明仁親王を自らの手元に置き、「私」の家庭のなかで育てようとした。しかし、木戸幸一内大臣秘書官は元老の西園寺公望に対して、「御誕生御一年後、次の御誕生日迄の間に方針を決定解決すること、赤坂離宮にて御生活のこと等を決定したる」(『木戸幸一日記』一九三四年一〇月三一日条)と述べ、牧野伸顕内大臣も湯《ゆ》浅倉平《あさくらへい》宮内大臣と「可成《かなり》早く満三ヶ年に御達し前に御別居被遊《あそばされ》、御就学の関係を慮《おもん》ばかり赤坂離宮附近に別殿御設備相成、御居住御願ひする事」(『牧野伸顕日記』一九三五年三月三〇日条)を合意したように、明仁親王を次の天皇として「公」に育てなければならないという声は宮中では大きかった。昭和天皇を含めてこれまでの天皇と同じ養育の方法をとること、先述したように皇女たちと同じ方針をとることが求められたのである。戦争を遂行しているなかで、プライベートな家庭という概念は通用しなかった。結果、一九三七年三月、赤坂に東宮仮御所が完成し、明仁親王は両親から離れてそこへ移った。香淳皇后の家庭生活は、「公」に包摂されつつあったのである。

二　戦争と皇后

皇室・皇后像の宣伝　満洲事変後、宮中関係者は皇室の社会事業を積極的に宣伝していく。前宮内次官であった関屋貞三郎は、先述した母子愛育会の初代理事長に就任し、その事業のための活動を展開していく。そして、全国各地の講演会に招かれ、昭和天皇や香淳皇后の日常生活をテーマにして話をした。昭和天皇の政治的な部分のみならず、私生活まで明かしながら関屋は講演しており、それまで天皇皇后に身近に接していた彼の話は、聴衆にとっても興味深いものであったと思われる。関屋はそのなかで、天皇・皇族の社会事業についても触れていた。彼は講演について昭和天皇や香淳皇后・宮内省関係者にも了解を得ており、まさに彼ら公認の講演であったという（茶谷誠一、二〇〇九）。そのなかで関屋は次のように述べている。

大正、昭和の時代に至りまして、皇室が如何に社会事業の方面に、御心を注がせられておいでになるかと云ふことは、既に皆さんの御承知の通りで、これは畢竟《ひっきょう》社会の状態の変化に伴ひまして、社会事業が益々必要になつて来たと云ふことには違ひないのでありますが、皇室に於かせられまして、その社会状態の変化を深く思召になり、色々御奨励が段々多くなつて来つゝあるのであると存ずるのであります……我が皇室と国民との関係は所謂《いわゆる》、義は君臣であつて、情は父子である、と云ふことが、昔から今日まで一貫して居ると云ふことを申上げたいと思ふのであります……皇室と国民との間の救恤《きゅうじゅつ》或は賑恤《しんじゅつ》の御精神と云ふものは、只物を賜はるとか何とか云ふことだけでなしに、つまり我が天皇は民の父母である、人民は自分の子であると云ふ思想が伺はれるのでありまして、全く此の思想は、我国の皇室と、国民との間の離る可らざる関係を作るのであります（関屋貞三郎『皇室と社会事業』中央社会事業会、一九三四）。

社会情勢が移りゆくなかで皇室の社会的役割が高まり、かつて原敬首相が求めたような「慈善恩賞等の府」として存在することが皇室に求められるようになった。そして満洲事変後、戦時へと日本社会が変化するなかで、社会事業の必要性がより高まり、皇室は積極的にそれに取り組み始める。関屋は、皇室が人々のことを思い、そうした事業に関わることは歴史的に当然の関係であると強調する。そして、家族国家的な天皇と人々の関係性に触れながら、皇室が社会事業に取り組む意義を説明した。ここで、香淳皇后もまさにその役割を担う存在であり、人々にとっては「母」としてとらえられようとしていた。

なぜ皇室は社会事業に関わるのか。関屋だけではなく、前侍従武官長の奈良《なら》武次《たけじ》も同じように積極的に講演活動を展開しており、皇室による社会事業を次のように説明する。

陛下御自身御一人の御為を御考慮遊ばされてのことゝは私は考へませぬ、やはり下万民に対して範を垂れさせられる思召で斯様に遊ばされるものと存じまして誠に畏《おそれ》入つて居る次第でございます。従て吾々国民は是非共此大御心《おおみこころ》を体して之に御倣《なら》ひ申上げなければならないと考へるのでございますが、言ふは易く行ふは難し、之に御倣ひ申すことは余程勇気と忍耐とを振起するのでなければ出来ないと存じます（奈良武次『御側近に奉仕して』中央教化団体連合会、一九三七）。

ここで奈良は、人々と皇室との関係性を述べ、皇室による社会事業の積極性を強調している。そして、天皇・皇族の積極性を人々も感じ、それにならうことを説く。つまり、皇室がそのような事業に携わっていることを見た私たちも、同じように取り組まなければならない、そう奈良は主張したのである。戦争遂行のために社会事業に取り組む皇室像が展開されればされるほど、民衆も戦争遂行のために努力しなければならない。皇室の社会事業が強調され宣伝される意味はそこにあった。

これは奈良だけではなく関屋も同様の思考であった。関屋は一九四二年三月の香淳皇后三九歳の誕生日に際して行われた講演で、香淳皇后や皇太后（貞明皇后）による「仁慈」を強調し、民衆はそれに「副《そ》ひ奉る様に努めるべき」と主張した（関屋貞三郎「皇太后陛下の御仁慈と癩予防事業」国立国会図書館憲政資料室蔵「関屋貞三郎文書」所収）。彼女らの社会事業はただそれだけでは完結せず民衆の範となること、そして人々はそれにならうことが求められた。

関屋は一九四三年二月六日のラジオ放送のなかで香淳皇后の「慈母」としての役割を強調しつつ、彼女の日常生活と社会事業への取り組みを伝え、次のように話を締めくくった。

最近は天皇陛下、皇太后陛下と御共に時局の上に御心を留めさせられまして、銅、鉄等の資源特別回収の趣を聞召され、御座所《ござしょ》近くの御置物、其他御手許の鉄銅の製品を御下渡しあらせられて、率先《そっせん》御垂範《すいはん》をお示し遊ばされたるが如き、深く恐懼《きょうく》いたす次第であります。我々銃後の国民としては、此の思召を奉戴して、物資の有効利用に心がくるは勿論、各家庭に於ても、出来得る限り、政府の方針に従って銅鉄等の資源を提供して、戦争遂行に遺憾なからしむるやう、心掛けなければならぬと思ひます（関屋貞三郎「皇后陛下の御日常」前掲「関屋貞三郎文書」所収）。

ここでは、天皇皇后が戦争の遂行のために自身の日常生活を犠牲にし、物資を供出している姿が強調されている。そして、そうした天皇皇后の姿を見た私たち民衆は、同じように積極的に物資を供出し、戦争遂行に役立たなければならない、そうした論理を展開していったのである。つまりここからは、民衆に国民としての主体化を求め、積極的に戦争へ参画することが重要視される論理が用意されていた（河西秀哉、二〇一八）。皇族はそのなかで象徴的な立場となっており、香淳皇后はまさに銃後の女性の先頭に立って範となる存在になっていた。

皇后の日常生活アピール　戦時中、香淳皇后の日常生活は隠されず、むしろ積極的なアピールがなされていく。たとえば聖徳奉賛会編『今上陛下聖徳景仰録』（聖徳奉賛会、一九三六）という書籍が編さんされているが、このなかでは昭和天皇や香淳皇后、皇太后（貞明皇后）の人となりや日常生活が細かく紹介されている。香淳皇后についてはまず、「聖上《せいじょう》陛下に御奉仕遊ばさるゝさまが、まことに御行き届き」と表現されるように、大元帥である昭和天皇を日常生活において支える「良妻賢母」としての像が十二分に描かれた。こうした姿を見せることで、人々特に女性の模範としての皇后像を定着させるねらいがあったものと思われる。

また、「御精励」として、赤十字や愛国婦人会、慈恵会などの社会事業に積極的に関わり、女子学習院など女学校への行啓を通じて女性の学問奨励を行っていることなど、皇后としての役割を果たしていることも紹介される。特に、「御仁慈」として出征兵士などに包帯を下賜したことなどの社会事業を「皇后陛下の御優しい御心」として強調した。

こうした香淳皇后の取り組みは、新聞や雑誌、書籍を通じて戦時中も繰り返された。「大東亜戦争下の天皇皇后両陛下の御日常を拝し奉る」(『生活』新年号、一九四三)という記事では、昭和天皇とともに皇后が「時局を御軫念《しんねん》」していることが強調され、率先して自らの金製の調度品を供出したこと、戦傷病者や遺家族のことを思い下賜品を与えていることが紹介されている。先の宮中関係者たちの講演と同じように、香淳皇后のこうした日常の「御聖徳」が、戦時中にはむしろあふれた。皇后も戦争に協力しているから、という観念を人々に与えるためにそうした皇后像が展開されたのである。

『婦人倶楽部』のような女性雑誌にもそうした記事が掲載された。「御仁愛深き皇后陛下の御日常」(『婦人倶楽部』二三巻三号、一九四二)には、やはり昭和天皇を助けつつ、兵士や戦傷病者・遺家族に心を寄せる香淳皇后の様子が強調されている。これによって香淳皇后を「良妻賢母」の鑑にすえ、人々も同じように戦争に協力すべきとの思考を生み出そうとしていた。また香淳皇后の行為を「慈母」として位置づけることで、天皇制の下で一丸となって戦争に取り組むよう、人々に訴えようとしていた。このように、戦時下において香淳皇后の日常生活を語ることは、戦争への協力という観点と密接に関わっていた。

キリスト教に関する「御進講」　社会事業に取り組む香淳皇后像が積極的に宣伝され、「慈母」としてのイメージが生産・定着して、それに基づいて人々に対して戦争への協力が求められていくなか、宮中ではキリスト教に関する「御進講」が開始される。東京麴町に二葉保育園を設立して信仰に根ざした幼児教育を行っていた野口幽《ゆ》香《か》は、香淳皇后の恩師として、毎年地久節《ちきゅうせつ》（皇后の誕生日）に宮中に招かれる存在であった。香淳皇后は一九四二年三月にも野口を宮中に招いていたが、公式的な場ではなく私的な場で彼女の話を聞いてみたいと思ったようである（見出寿美子、一九七四）。しかも、香淳皇后は野口に対して聖書を用いながらキリスト教について講義することを求めた（原武史、二〇一五）。そして、第一回の「御進講」が四月一七日より始まる。アジア・太平洋戦争中のこの時期、世間では軍国主義的な風潮が跋扈するなかで、宮中では香淳皇后がキリスト教思想を学ぼうとしていたのである。香淳皇后のほか、保科武子女官長など数名の女官が列席し、講義は行われた。テーマは「生活ノ革新」。次のような講義内容であった。

> 問題ハ人ジヤナイ、自分ダ。生活ノ革新ト云フ事ヲ申上ゲテ見タイト思フ。
>
> 日常生活ニ真ノ満足アリヤナシヤ。
>
> 古イ屋敷ニ雨漏リガシテ修繕ヲ心ガケタ。屋根屋ハコンナ悪イ屋根見タ事ガナイト云フ。一ト所直セバ全体ガガタガタニナツテ、愈々《いよいよ》仕方ハナクナルト云フ。左ラバトテ此儘《このまま》デハ雨漏《あまも》リヒドク辛抱スル事ガデキナイ。ムシロ此際《このさい》根本的ニスツカリヤリ直セト云フ。大変ナ事ダ。
>
> 此事件ハ如何ニモ人生其者ノ如キ感ガスル、各自ノ生涯ノ屋根ハ、ドノ程度ノ修繕ヲ要シテ居ルカ。完全無欠カ、ソレトモ修繕デハ及バナイ、全部ヤリ直シノ程度デアリハシナイカ。自問自答スベキ問題（東京女子大学比較文化研究所蔵「野口文書Ⅲ 雑稿御進講草稿」）

ここで野口は日常生活への問いかけを行い、それぞれの生涯を屋根にたとえる。そして、その屋根に関するエピソードを踏まえながら、人が生きる時に悩むこと・考えることなどを説いた。キリスト教思想に基づく自己の内省・革新を野口は香淳皇后に「御進講」したのである。

野口の「御進講」はその後も継続した。五月二一日、「自己中心カラ神中心へ」というテーマで第二回の講義が行われ、野口は新約聖書「マタイによる福音書」第七章第七節「求メヨ去ラバ与ヘラレン」を引用しながら、神の存在について香淳皇后に説いている。六月一八日の第三回目でも野口は聖書の同じ箇所を説明し、「自己反省」や神に仕えることなどを香淳皇后に講義した（前掲「野口文書Ⅲ 雑稿御進講草稿」）。人々に「国体」思想が強く説かれ戦局も悪化しつつあるなかで、香淳皇后は宮中においてこうしたキリスト教思想に触れていたのである。しかもそれは、彼女からの求めであった。

その後、しばらく間があき、翌一九四三年五月一三日、第四回目の講義が行われた。ここでも野口は旧約聖書「エレミア書」第一八章を用いながら、「個々ノ使命」をテーマに香淳皇后に講義を行った。六月一八日の第五回目の講義では、野口は新約聖書「ヨハネによる福音書」第一五章第一三節「人其友ノ為メ命ヲ捨ツコレヨリ大ナル愛ハナシ」をテーマにして香淳皇后に話をしている（同）。ここで野口は、ハンセン病患者のために尽力したダミアン神父を取りあげ、それに相当する人物として光明皇后の名前を挙げた。これは、香淳皇后が社会事業に取り組むことをキリスト教の思想からも補強したものと思われる。そして、皇后像の模範としての光明皇后像が語られているのである。

この五回目の講義後、香淳皇后と野口は雑談も交わしている。野口はそのなかで、「三千年ノ宮中ノ伝統変更スルコトノ出来ルノハ今程自由ナ時ハナイ」と主張し、この総力戦体制のなかで皇室も改革をしなくてはならないと香淳皇后に述べた。野口は続けて、「国民ノ食物不足ニヨル子供ノ状態、万事御質素トノ御発表ハ国民ヲドレダケ引キ締ルカ」と強調し、現在の戦況を踏まえて、香淳皇后が率先して質素倹約に努めることで人々への範を示すように求めたのである。これも、キリスト教の思想から、戦争に協力する皇后像の宣伝を補強するものではなかっただろうか。

そしてその後も、野口の講義は継続していった。一二月二日に行われた第七回目の講義では、野口は戦局の悪化について触れつつ、神について言及している。翌一九四四年も講義は続けられ、野口はキリスト者の足跡や社会事業について香淳皇后に説明をしている。一〇月二六日に行われた第一一回目の講義では、野口は「今日ノ世相ニ対シ果シテ落付イテ居ラレルカ」と述べており、戦局の悪化を踏まえた講義が展開された。野口はこのなかで、困難を与えているのは神であり、その神を信じれば「円満無礙《えんまんむげ》ノ将来」が開かれるとする。つまり、敗戦が濃厚となってきた現実を次第に直視しながら、神を信じることを香淳皇后に説いたのである。野口の講義はその後、一一月一六日の第一二回まで行われた。

このように、戦争に協力する皇后像が世間で宣伝されるなか、香淳皇后は宮中においてキリスト教思想を学んでいた。それによって、動員された自己の取り組みに理論が与えられていったこともあったと思われる。一方で、キリスト教の世界観を学ぶことで、より社会事業に取り組む必要性が与えられ、また敗戦後の世界をも考えるきっかけがすでに戦時中より皇后にはもたらされていたのである。

三　洋装の皇后と総力戦体制

洋装で出かける皇后　総力戦体制下においても、香淳皇后は積極的な行啓・視察を繰り返した。その際、香淳皇后は洋装であった。一九四〇年一二月三日、東京女子高等師範学校へ行啓し、付属の東京特設中等教員養成所を視察した。ここは「戦争未亡人」のために設立された養成所で、寄宿舎には父親を戦争で亡くした子どももおり、彼らに「御会釈を賜ふ」皇后はやはり「御慈愛」に満ちた存在と評価された。ここで香淳皇后は、長いスカートのドレスに帽子という洋装であった（『婦人倶楽部』二二巻二号、一九四一）。

こうした姿は、一九四一年一二月の日米開戦後も変わっていない。一九四三年五月、香淳皇后は東京府下の東京市特別衛生地区保健館・東京府授産協会豊島授産場・東京第一陸軍造兵廠《ぞうへいしょう》・凸版印刷板橋工場へ行啓している。「決戦下必勝の意気に燃えて日夜孜々《しし》として増産に精進する産業戦士、勤労奉仕に敢闘する報告隊の活動状況、防空に挺身《ていしん》する隣組防空群の訓練や、育児、保健、授産施設等に活動する銃後女性の真の姿を御視察、御激励」する趣旨から行われたものであった（『写真週報』二七四号、一九四三）。ここでも香淳皇后は長いスカートのドレスに帽子という洋装で出かけ、それぞれの場所で説明を聞きながら視察をしている。この様子が、写真付きで雑誌に掲載されている。小倉庫次《おぐらくらじ》侍従は、このときの香淳皇后を「御服装モ極メテ御地味、御簡素ナルモノヲ御調《ととの》ヘサセラレ、ブローチサヘモ遊バサレザリキ」と日記に記したようである（原武史、二〇一五）が、簡素にしても洋服という点がその後、批判の対象になっていく。

ところで、普段は口数が少ない香淳皇后も、このときは訪問先で次々に声をかけてまわったという（片野真佐子、二〇〇三)。子どもたちに笑顔を見せたほか、工場でもさまざまな質問を繰り返した。これに「戦ふ女性」たちは感激し、香淳皇后の「神々しさ」に触れて「けふの気持を一生持ちつゞけて、立派な日本女性になりたい」と述べたことがマスメディアを通じて伝えられる(『東京朝日新聞』一九四三年五月二〇日)。香淳皇后の行啓は、銃後への戦争指導という側面を有していたのである。

その後も、香淳皇后は行啓を行った。同年六月には多摩陵に参拝後、南多摩郡七生《ななお》村へ行啓、「決戦下の食糧増産にたたかふ銃後農村の勤労状況」などを視察しているが、この時も同じような洋装である、これも写真付きで報じられた(『同盟グラフ』一一巻七号、一九四三)。このような行啓は、香淳皇后が戦争を遂行するために重要な銃後の場所を訪問し、それによって人々が励まされ、より総力戦へと向かうことを想定されたものと思われる。

図13　洋装で出かける香淳皇后(毎日新聞社提供)

しかし香淳皇后の洋装が写真付きで報じられると、見られている人々(工場や農村で働いている人々)との服装の対比が目立ってくる。彼女らは白い割烹着《かっぽうぎ》やもんぺなどであったのに対し、香淳皇后は洋装であった。香淳皇后は戦時下も基本的にこうした服装でたびたび外出したため、相当に目立ったものと思われる。そのため、香淳皇后への批判が展開されることになる。

洋服への批判　『特高月報』一九四三年一月分に、香淳皇后をめぐる「不敬行為」に関する記載がある(川島高峰、一九九七)。京都市で刺繍業を営む五五歳の男性。「独特の神代観忠孝論に基き国粋的思想運動を主宰没頭」しており、そうした思考を有していたがゆえに「一切の米英的なるものの払拭に運動目標を集中狂奔」していた。その彼が、『大阪朝日新聞』一九四三年一〇月一七日夕刊に掲載された香淳皇后の写真に対して批判をしたという。この写真は、天皇とともに靖国神社臨時大祭二日目へ行幸啓した香淳皇后を写したものであるが、洋装であった。そのため彼は、「皇后陛下の御洋装こそ戦時下に有間敷《あるまじき》米英思想の表現にして国内思想悪化の根本的原因を為せるものと断定」「米英打倒の為めに尊くも戦死せる靖国の神々が国母陛下の英国式洋装を拝し断腸の思ひを為せる」と考えたのである。

先述したように、戦時中の皇后は外出する時、洋服を着、帽子をかぶっていた。この靖国神社への行啓時もまさに洋装であり、「純白」であったことが記事にも記されている。アジア・太平洋戦争中にあって、アメリカ・イギリスは敵国として「鬼畜米英」と宣伝されているなかで、香淳皇后が洋装で外に出てくることは、こうした宣伝に反する行為と見なされたのである。彼は日記に次のようなことまで書いていたという。

一、いと高き国母陛下を迷はせる悪魔は洋装の姿なりけり
一、日の本の女性の道は何処《いずこ》かな国母陛下の姿拝して
一、日の本の国母陛下の御姿今は何処に在しますらん
〔中略〕
一、日の本の神代《かみよ》ながらの姿にも洋装の為にかたむきにけり
一、み姿を拝して泣くや血の涙だ皇御国《すめらみくに》の末を思ひて
一、洋装の国母陛下を拝しては義憤の涙だかれはてにけり
一、日の本の国母陛下の御姿もとめて迷ふ靖国の神

ここからは、洋装で出かける香淳皇后に対して憤っている男性の様子を見ることができるだろう。そして彼は、香淳皇后の洋装廃止こそが戦争遂行の「絶対必須の前提条件」であると主張した。この男性は、特高警察に対して「国母陛下の靖国神社御親拝の御姿を何と見るか、あの姿が思想戦に敗けて居る最も大きな現れである」とまで主張しており、戦争を遂行するために動員されていた香淳皇后は、むしろ敵国の姿をしていて除去すべき存在と受けとめられていた。そうした、ある種のちぐはぐさを香淳皇后は指摘されずに（そして自身も気がつかずに）、外出しメディアに登場していたのである。彼は不敬罪となったが、統制されたメディアではこうした批判は報道されず、公式的な皇后のイメージが伝播していたが、そこから逸脱した批判が人々のなかに伏在していたのである。

おわりに

総力戦体制のなかで、皇后の役割は次第に変化していく。この時期の香淳皇后の外出や下賜には、進行中の戦争への協力という意味合いが強くなっていった。兵士やその家族を対象とした行動も増加していく。そうした慈恵主義的な皇后の行動は、実際に彼女が「母」であったこともあり、「国母」による行動としてイメージされていくことになる。マスメディアを通じて、そうしたイメージが広く伝わり、人々への模範として印象づけられていく。

そして香淳皇后による戦争協力が宣伝されることで、人々も同じように協力することが求められる。香淳皇后の日常生活がメディアに伝えられることも、人々を戦争に動員するための戦略の一環であった。しかし、アピールしたことで軋轢も生じた。それが洋装の問題である。アメリカ・イギリスとの戦争を強調すればするほど、洋装する香淳皇后との矛盾が生じた。そこを突き批判した人々がいたのである。そこで、詳しくは次章で述べるが、宮中服なるものが作成される。以上の述べてきた香淳皇后の慈恵主義的な「国母」イメージや日常生活アピールは、形を変えて敗戦後も継続していく。

一方、香淳皇后の生活は戦争が進行するなかで、公的なものに包摂せざるを得なかった。子どもの養育は、家庭ではなく、皇族として公的な形式で行われるようになった。洋装の問題のように、ある種の窮屈さがあったと思われる。しかし、そのようななかでも香淳皇后はキリスト教の思想を学んでいた。そこには戦時動員や社会事業へ理論づけという意味だけではなく、敗戦後の世界をも考えるきっかけがもたらされていたのである。

コラム

天皇家のメディア表象

北原　恵

公／私を越境する女性皇族の身体　〈女〉の身体は、近代天皇制の再編成において常に要となってきた。インターネット上では女性皇族のアイドル化や萌え現象だけでなく、同時にバッシングも加速しているが、褒めるにせよ貶《おとし》めるにせよ、常に女性皇族がメディアに姿を露出させられ欲望の視線の格好の標的となってきたことは間違いない。それは女性が眺められ消費される対象であるというジェンダーと視線の政治学に基づいているからでもあるが、それだけではない。皇族をめぐる現象は公私の境界線を横断することを特徴とし、そのとき、社会では女性領域とされる妊娠・出産などの情報が公の場で光を当てられることに意味があるからである。とりわけ戦後、「民間」から「皇室入り」した皇太子妃たちは、その境界横断性の特徴を最もよく体現する身体であり、特に初めて「民間」から「皇室」へ入った美智子皇后は、この「民間／皇室」「公／私」の越境性をもとに「皇室改革」イメージの推進者として表象されてきた。

たとえば、明仁皇太子と美智子妃の結婚と育児をめぐっては、①民間からの皇太子妃選び、②乳母の廃止と母乳育児、③家族同居の三つが皇室の改革・英断として強調され、育児については「皇室の歴史始まって以来、初めて母乳でお子様をお育てになった」と皇室評論家たちに讃えられた。だが、すでに大正末から良子（香淳）皇后も子どもたちに自ら授乳を行っており、戦前の新聞では皇后の授乳は「母性愛」や「慈悲」と結び付けられて象徴化されていたのである（北原恵、二〇〇五）。

このようなお妃選びやミッチーブーム、秋篠宮眞子《まこ》内親王婚約など皇室をめぐる話題は、一見、くだらない話に聞こえるかもしれない。だが、イギリス王室に関する大衆の会話を分析した社会学者、マイケル・ビリッグが指摘したように、一見くだらないように見える会話は、ある特定の家族に関する以上の「イデオロギーの重要性をめぐる諸々のテーマの源」であり、王族をめぐる現象が公私の境界線を横断することで意味が生じるのである。女性皇族をめぐる「私的」な表象が変容する天皇制の公私の概念（公務／宮中祭祀）にどのような影響を与えてきたのか――皇族の生活に関する取るにたりない些細な事柄の言説や視覚イメージを分析し、それらが形成するイデオロギー作用に注目する必要がある。たとえば「私的」な家庭を国民に見せる「天皇ご一家」像について検討してみよう。

「天皇ご一家」像の形成　毎年元旦に発表される「天皇ご一家」像は、近代以降作られたえず変化し続けてきた万世一系の図像である。日本では近代以前にはジャンルとしての肖像画はあまり発展せず、絵画や写真メディアに家族像が登場するのも明治中期から大正にかけてである。明治初年から天皇の巡幸などを視覚化し人々にその存在を広めてきた錦絵は、明治一〇年代になると次第に国家的重要行事だけでなく花見や相撲などを楽しむ天皇皇后の行動を描いた。そこには物々しさや国家的威厳もなく、まるで行楽のひとコマのようにも見える。明治二〇年代になると勧業博覧会や靖国神社などの国家的行事や空間に、天皇皇后が皇太子を伴って訪れる光景が描かれるようになった。

一方、明治一〇年代から普及し始めた新しいメディアの石版画は、二〇年代前半に隆盛を極め、天皇とその家族も主要な主題のひとつとなった。石版画に描かれた天皇皇后と家族像は、錦絵と異なりその容貌の類似性を特徴とし、楕円形の枠の中にそれぞれ人物を配置した典型的な記念碑的肖像の構図を持つ。錦絵や石版画を前史として絵画や写真による天皇一家像は、その後も新聞や雑誌、附録などのメディアで流通し、大正末から元旦の新聞紙面で定期的に登場するようになった。これを可能にしたのは、近代天皇制の創出とともに、近代家族の誕生、

大阪朝日新聞
仰ぎ奉る御姿
瑞祥の翠彌濃く
大内山の御榮え
皇太子殿下益々御健かに
近く假御所へお移り
皇太后陛下の
關西行啓
輝く昭和第十二春
大阪信託

図 14　天皇ご一家（「大阪朝日」1937 年 1 月 1 日）

家族国家による国民統合システムの推進、カメラの大衆化、写真撮影の習慣化と受容者の意識変化、家族の儀式・記念化、正月の国家的祝日化等々であり、近代家族やメディア・システムの発展と切り離すことはできない。

こうして私的領域とされた「家庭」を構成する父・母・子どもたちの肖像は、「竹《たけ》の園生《そのふ》」として毎年元旦という公的なハレの日に登場し続けるようになるが、個々人が楕円形や四角形で枠取りされた典型的な天皇一家写真には、一般的な家族像とは異なる特徴があった。たとえば、一九三七（昭和一二）年元旦の新聞トップページを飾った天皇一家像（図14）には、第一に、節子皇太后が不在である。節子（貞明皇后）は当時まだ五〇代に入ったばかりで元気であり、御陵参拝や病院慰問の姿がたびたび紙面に掲載されていたにもかかわらず、内地での天皇一家の正月写真には登場しなかった。第二に、両親が年をとらない御真影であるのに対して、子どもたちの方は毎年成長する姿を掲載していることである。親の時間は静止し、子どもの時間だけが流れる奇妙な家族像なのである。（結論のみ述べると、これは明治民法における「家」制度の戸主が率いる「家」と、私的領域であり女性領域である「家庭」の両者を象徴する図像だと解釈できる）。

元旦新聞においてメンバーが一人ずつ枠取りされた構図は、戦後になると同一空間に家族が収まる写真が用いられることによって変化し、同じ時間を過ごす家族同士の親密さが強調されるようになった。皇太后の不在は戦後も引き継がれているが、明仁天皇の生前退位によって上皇・上皇后となるため、今後彼らが新しい記号となることは十分に考えられるだろう。事実、戦前の旧満洲や植民地では、天皇一家像から消えた皇太后が、他の宮家や王家を統合する形で「竹の園生」像の中心に据えられることがあったのである。

直系の後継者を視覚化してきた「天皇ご一家」の表象は、秋篠宮家に皇位継承者が誕生したことによってすでに図像的に破たんをきたしている。平成の天皇皇后が被災地を訪れ、人々と膝を突き合わせて慰め死者に祈る慰問や慰霊の図像は、「ご一家」写真以上に人々の間に浸透しているようである。一方、王室がパロディやアートの素材となるイギリスと異なり、日本では美術においても天皇や「ご一家」像の表現はタブー視が続いてきた。このような状況の中で皇室自身がメディアを積極的に使い、自己イメージを創り上げようとしているのが現状である。皇位継承者が「核家族」の範囲に収まらなくなり、内親王が結婚によって皇族ではなくなるなかで、皇室の図像的表象は皇后・皇太后・上皇后を要として大きな変化を迫られるに違いない。

〔貞明・香淳皇后　一九四五〜一九五二〕

第五章　象徴天皇制への転換と香淳皇后

河　西　秀　哉

は じ め に

アジア・太平洋戦争の敗戦は、天皇制にとって大きな意味を持った。昭和天皇の戦争責任が追及される可能性があり、そこから天皇制の存続が議論される可能性もあった。そのようななかで、責任追及を回避するため、昭和天皇の「人間」的なイメージが宣伝され、天皇制の「民主化」がアピールされる（河西秀哉、二〇一〇など）。そうして、天皇制の存続が図られていく。そのなかで、香淳皇后はどのようなイメージを有したのだろうか。戦前からのイメージの変化は、天皇制の「民主化」を示すのに大きな役割を果たした。一方でそれは、戦前からのイメージを連続させたものであったことにも留意する必要がある。

そして、日本国憲法の制定によって、天皇はそれまでの統治権の総攬者から「象徴」へと地位が変化した。条文上、天皇は国事行為のみを行う存在として限定された仕事を担う役割へと変化したものの、象徴天皇としてさまざまな公務を担っていく。その日本国憲法では、大日本帝国憲法と同様に、皇后についての条文は設けられなかった。そのため、皇后は象徴天皇制に則した公務のあり方を構築しなくてはならなくなる。敗戦後、皇后はどのような仕事を担ったのだろうか。

　また、改正された皇室典範では第六条で皇族の範囲は嫡出子《ちゃくしゅつし》のみとされ、非嫡出子は排除された。そうして皇室においても一夫一婦制が制度化される。象徴天皇制へと変わり、戦後の価値観が皇室へと浸透するなかで、皇后のイメージがいかなる意味を持ち、影響を与えたのか。新しい天皇制下における皇后の役割を明らかにする。

　そして占領期後半になると、次第に人々の関心は皇族の次の世代へと移っていく。そして香淳皇后の存在が新しくなくなっていき（むしろ古くささすら感じさせる）、次代の皇太子や皇太子妃に対する期待感へと移っていく過程についても論じたい。

一　「母」としての香淳皇后

母の日をめぐって　敗戦時、香淳皇后は四二歳、長女の成子《しげこ》はすでに一九四三（昭和一八）年に東久邇宮盛厚《ひがしくにのみやもりあつ》王へと嫁ぎ皇族から離れていたが、皇后はまだ五人（三人の女子、二人の男子）の独身の子どもを抱える母親であった。そのため、前章で述べた戦時体制のなかで展開された香淳皇后の「母」としてのイメージは、敗戦後も継続していき、積極的に展開されていく。

　大正期ごろから、皇后の誕生日（地久節《ちきゅうせつ》）を「母の日」として記念行事などが開催されていたようであるが、昭和になって初めての皇后誕生日（地久節）を迎えた一九二七年にも、愛国婦人会はこの日を「母の日」として記念することに決め、記念行事を開催する（『読売新聞』一九二七年三月三日）。とはいえ、戦前の「母の日」は皇后の誕生日では定着しなかった。『読売新聞』などには、アメリカの「母の日」にならって五月第二週に「母の

図15　母の日の香淳皇后（1949年5月8日，毎日新聞社提供）

日（もしくは母を讃える日）」として行事が行われている様子が報道されている（『読売新聞』一九三一年五月一一日夕刊など）。このように、戦前の「母の日」は三月と五月の二本立てで開催されていたようである。

しかし敗戦後、一九四七年になると五月第二週に統一された。日程は占領下の日本ゆえにアメリカにならったものと思われる。また、象徴天皇制へと変化するなかで、皇室を中心にして国民的な行事の日程を組む姿勢が変化したのではないか。ただし、『読売新聞』が一九四八年に制定された「国民の祝日に関する法律」をめぐって、それ以前に投稿されてきた意見を集約しているが、「母の日」として三月六日の香淳皇后の誕生日を祝日としたいとする意見が四《パーセント》、その日を地久節として祝日にしたいとする意見が三《パーセント》あったことを紹介している（『読売新聞』一九四八年一月一六日）。これは、皇后を日本の「母」と考える思考が、敗戦後も人々のなかに継続していたからだと思われる。「母の日」は祝日とはならず五月に統一されたものの、こうした思考の存在は皇后と「母の日」を結び続けた。

そして、五月の新聞には「九日は国際母の日、約三千の母たちがこの日午後二時宮中で『日本の母』皇后さまにキレイな花束をさゝげた」（『朝日新聞』一九四八年五月一〇日）とあるように、全国の母親たちが「母の日」に大挙して皇居を訪れ、香淳皇后に花束を渡した。母親たちが皇居に入って香淳皇后と直接会って言葉をかけてもらうことも、天皇・皇后が人々に近づいたことを認識するのに大きな意味を持ったと考えられる。このように、天皇制の「民主化」を示す大きな役割を香淳皇后が担ったのである。

記事ではまた、香淳皇后は「日本の母」としてイメージされている。この行事は翌年以降、東京都と母の日協議会主催の大会が開催されるようになり、その後香淳皇后が全国の母親代表から花を贈られ挨拶を受けることが慣例化していった（『毎日新聞』一九五一年五月一四日など）。新聞ではこの行事が写真付きで取りあげられ、「母の日」と香淳皇后が結びつけられていく。香淳皇后はそのなかで、母親の代表たちに「身体を大事にして立派な母になり、健全な子供を育ててください」と声をかけた。そこには、母親たちを統合し、「日本の母」の頂点として、また「母の象徴」（『読売新聞』一九五〇年五月一〇日）として存在する香淳皇后の姿を見ることができるだろう。こうして、敗戦後も「母の日」の行事を通じて、「母」としての皇后イメージを人々に印象づけていったのである。日程は戦前とは変化していたが、皇后を日本を代表する「母」と位置づける意識は変化がなかった。

またこの行事で興味深いのは、一九五一年には東京郵政局が母の日中央協議会と共同で、新宿や銀座などの駅前で皇后の宛名を印刷した官製葉書五〇〇〇枚を通行人に無料配布し、その場で香淳皇后への簡単な文言・住所氏名を書いて、皇后に渡すという試みを行っていることである（『朝日新聞』一九五一年五月一二日・五月一四日）。このように人々の言葉を皇后に直接伝える仕組みは、象徴へと天皇制が変化し、身近になったことを示す大きな要因になったのではないだろうか。

伝えられる母親イメージ　香淳皇后の「母」としてのイメージは、敗戦後、皇室記者などに積極的に取りあげられた。『読売新聞』の皇室記者であった小野昇は「〝大いなる母〟皇后さま」（『母』一巻六号、一九四九）という文章のなかで、そうしたイメージを増幅させて強調している。

小野は戦時中の香淳皇后の様子を克明に描き出しつつ、防空壕へ入った皇后が疎開している明仁皇太子ら子どもたちに対して「たちがたい生みの母への切々たる思慕」を懐く場面をかなり詳細に紹介している。記事と言うよりむしろ激しく劇的なルポタージュのような形である。

戦前、皇族は親子一緒に暮らすことができず、子どもたちは外に出されて養育されるのが慣例であったことは前章でも述べた。ここで小野は、親子離ればなれになっている香淳皇后と明仁皇太子をクローズアップし、皇后の「母性愛」を強調することによって皇后の「人間的苦悩」を照らし出し、近代天皇制を異質化して象徴天皇制を人々に受容させようとする意図を込めた。こうした記述の仕方は、敗戦後の皇室記事に見られる特徴である（河西秀哉、二〇一〇）。「人間宣言」後、昭和天皇の「人間」としての側面を強調して描くことで、神格化されていた近代天皇制は天皇の意思に反するものであったと印象づけられた。そのなかで苦悩していた天皇像を提起することで、昭和天皇がそうした動向に抗っていたことを示し、戦争責任を回避することにもつながる。小野は香淳皇后にもそうした像を当てはめたのである。

そして敗戦後の記述では、「民主化」という昭和天皇の意思を受けて、子どもたちの人間的教育に積極的に取り組む香淳皇后の姿が描かれる。小野はそうした香淳皇后の積極性は、「母性愛の発露」からだと結論づけた。小野の文章は、一人の「人間」としての皇后イメージを確立・定着させて人々に対して香淳皇后を身近に感じさせて天皇制の「民主化」を浸透させるとともに、母としての皇后イメージも印象づけるのにも作用していった。

『毎日新聞』の皇室記者であった藤樫準二が執筆した『陛下の〝人間〟宣言』（同和書房、一九四六）にも、小野と同様の記述が見られる。この本は、「人間宣言」のなかの「人間天皇」という要素を社会に広めるために執筆されたものであり、昭和天皇や香淳皇后の「人間」性を強調する側面が強い。藤樫によれば、それまでの天皇制は神格化を官僚や軍部によって「おしつけられ」ていたのだが、「人間」である以上それでも「親子の愛情に世の常と異るところ」はなかったと断言する。

また、親子が別に生活しているのは「如何にも親子の情愛が薄いやうに見受けられるが」、これは宮中の慣例であり、天皇・皇后は仕方なくそうしているのだと擁護も試みている。こうした子どもたちとの別居生活においても、昭和天皇と香淳皇后は教育方針を熱心に側近へ指図し、毎週日曜には「親子水入らずの団欒《だんらん》に過」ごすことを強調し、彼らの「人間」的姿を印象づけようとする。ここでの藤樫の意図は、「人間」としての天皇像を人々に伝え、天皇制の「民主化」を定着させることで制度を存続させるため、ということは明らかだろう。

そして彼は、戦前には「宮中でお節句などに皇后様がみずみずしい丸髷《まるまげ》にお結ひなつて楽しくお集ひになつた時代もあるさうだ」とエピソードを紹介し、「皇后様の丸髷姿、思つて見ただけで、国民の親愛が増すではないか」と結論づけている。このようにして藤樫は、子どもたちのために奮闘する「母」としてのイメージによって、香淳皇后のほがらかな人柄を伝播させようとした。ここで藤樫が描いたのは、皇室も人々と同じような親子関係にあり、きわめて「人間」的な振る舞い・思考を有しているということである。そのなかでの香淳皇后は、子どもたちを心配する「母」として、また家庭にユニークさをもたらす「母」として捉えられたのである。

ところで、「人間宣言」を伝える新聞記事では、女性皇族が大きな役割を果たしている（北原恵、二〇〇一）。昭和天皇と三女孝宮和子《たかのみやかずこ》内親王とのツーショット写真も普通の「人間」としての親子関係を示すのに大きな効果を持ったが、隣に写った香淳皇后と娘たちが鶏を世話する写真は、敗戦後の食糧不足と混乱のなかで「食」や「育」に従事する女性としての皇后の役割が象徴化されている。女性のみの写真をここに掲載することで、男性である天皇から切り離され、女性性としての皇后、家庭の「母」としての皇后の姿が浮き彫りにされた。ここでは、家庭のなかで家事を行う存在としての女性、その象徴としての意味を皇后は持っていたと言えるだろう。

香淳皇后が鶏を育てたり、菜園で野菜を作ったりする姿はその後もたびたび報道されている（『読売新聞』一九四七年三月二八日など）。そのなかでは、敗戦後に生活状況が窮乏している人々と同じように、昭和天皇と香淳皇后も清貧な家庭生活を送っている姿が描かれる。そして、香淳皇后は収入が減少した皇室の家計を助けるため、家庭菜園に取り組んでいると報道されている。このように、家計をやりくりする香淳皇后の姿が強調されることで、「母」としての皇后イメージが強調されるとともに、民衆との近さが印象づけられた。

以上のように、敗戦後、皇后の「母」としてのイメージは、「人間」としての昭和天皇という側面をアピールすることと併せて、積極的に展開されていくことになる。そのような「母」としての香淳皇后は、皇族が一般家庭と同じであることを印象づける側面を有していた。「下々の家庭と少しもちがつたところはございません」という言葉（『サンデー毎日』一九四八年一月二九日号）に代表されるように、「民主化」された象徴天皇制を示す側面を有していた。「母」としての皇后イメージの側面を描き出すことで、「人間」としての天皇イメージが定着する効果もあった。その意味で、敗戦後の象徴天皇制の内実を示すものとして、皇后の「母」のイメージがあったと考えられる。

一方でその「母」イメージは、戦前以来の日本という国の「母」としてのイメージから引き継がれたものであった。戦前のその経験があったからこそ、香淳皇后の「母」イメージは敗戦後にも比較的早くから定着していったのではないだろうか。

二　「妻」としての香淳皇后

「良妻」である皇后　香淳皇后は「母」とともに、「妻」としてのイメージも強調された。そこで強調される皇后像は、質素な生活を送りつつ、家庭を守って夫に寄り添い、高い教養を備えながら内助を発揮する姿である。藤樫準二は「家庭の中の皇后様」（『博愛』七一〇号、一九四八）という文章のなかで、昭和天皇と香淳皇后は仲むつまじく、「誠にうるわしい家庭」であると強調している。藤樫によれば、昭和天皇の全国巡幸中にも次のような二人の姿が見られたと言う。

皇后さまは微笑をたたえながら、すべての動きに、陛下との調和をおとりになつて、お二人の温かいお姿は、愛情のとけあつた、美しい一身《ママ》同体、ご似合いの天皇ご夫妻として、土地の人びとに清い印象を、おあたえになりました。

ここでは、昭和天皇に寄り添う形での香淳皇后のイメージが描き出され、やはり夫婦としての天皇と皇后の仲の良さが強調される。つまり、「母」としての皇后イメージよりも、天皇の「妻」としてのそれがクローズアップされ、天皇を一歩後ろで支える皇后の姿が想起される構成となっている。藤樫は同じ文章のなかで、香淳皇后が文化的な女性として、広い趣味を有していることを紹介し、「現代的な女性」と評価している。藤樫によれば、香淳皇后が趣味を持ったり学んだりすることは、「『女性の象徴』としての、婦徳をみがいて」いるのであり、こうした「修養の裏には『陛下の立派な御人格にたいして、私があまりへだてがあつては……』というお気持が、〔香淳皇后に─河西注〕おありになるのだということを伺いましたが、なんという麗しい、優しいお心根でありましょう」と絶賛した。象徴である天皇を「妻」として支えて努力する香淳皇后に、「人間」的な姿を見、象徴天皇制への共感のまなざしを向けようとしているのではないだろうか。夫の仕事を内から助ける役目としての「妻」を、香淳皇后はまさに表象していた。日本国憲法の制定によって、両性の平等は定められたとはいえ、必ずしも近代の「良妻賢母」の感覚は抜けきれてはいなかった。むしろ「良妻」であることを強調することで、昭和天皇と香淳皇后の仲むつまじさ、言うなれば「人間」的かつ理想の家庭像としての天皇制を藤樫は描こうとしたのではないだろうか。

こうした姿勢は藤樫だけではない。『朝日新聞』の皇室記者であった小池信行は「家庭の奥様としての皇后さま」(『主婦と生活』三巻三号、一九四八)という文章を執筆している。この文章はタイトルからもわかるように、「妻」としての皇后像がクローズアップされている。簡素な日常生活を送っていること、昭和天皇へ常に心遣いをしていること、広い趣味を持っていることなど、藤樫と同じような話題が提示され、「妻」としての皇后のイメージ、「民主化」された皇室の姿を強調し、それへの共感を呼ぶような文章となっている。戦前のような神格化された天皇制を否定するためのイメージでもあった。

香淳皇后の日常生活が詳細に描かれて、「妻」としての皇后イメージが表出されるケースもあった。小野昇は『人間天皇』(一洋社、一九四七)のなかで、香淳皇后についても詳細に論じている。小野は、家事や趣味に取り組む香淳皇后の生活状況を事細かに記し、「人間皇后」としてのエピソードを数多く紹介する。そのなかでも特に、昭和天皇の髪の毛を香淳皇后が手でかきあげた場面や天皇が研究のために生物採取を行っているのを後ろから見ている皇后の姿について、「妻としての皇后さまの真の姿といえましょう」と評価した(「妻として母としての皇后さま」(『婦人世界』三巻三号、一九四九)。一歩下がった「良妻」としての皇后イメージを、理想的な夫婦の姿と見たのである。

側近たちからの声　このような記事は、皇室記者たちの取材力だけでは構成できなかった。彼らがこのような記事を量産できたのは、宮内省（府・庁）などによる情報提供があったからだと考えられる。それは、こうした記事によって、戦前のイメージを払拭し、天皇制の存続を図ろうとする戦略の一環であった。皇后のイメージもそのなかで形成されていったのである。

元女官であった草間笙子の『宮廷秘抄』（橿原書房、一九四七）には、「御上が御風邪などで、洋館の御静養室にお入りになつたりすると、皇后様は御自分で一日中御側《おそば》におつき切りで、御心こもつた看病をなさるのである」とのエピソードが紹介され、香淳皇后が「妻」として天皇を助けている姿を人々に伝えようとしている。皇室記者だけではなく、宮中関係者が自ら見た話を発表・出版することで、香淳皇后の「人間」的かつ「妻」としてのイメージを広く伝播する役割を担った。

鈴木一侍従次長は、「主婦としての皇后さまの御日常」（『婦人の光』二巻二号、一九四八）という文章のなかで、香淳皇后は「天皇のお徳に対して、立派な内助をさゝげたいとのお考えから、ご自身でいろいろ勉強なさつていらつしやるのでございます」と記しながら、皇后の日常生活を綴った。香淳皇后に仕えていた保科武子《ほしなたけこ》女官長も、皇后の日常生活についてのインタビューに答えている（「皇后さまの御日常―保科女官長に訊く」『サンデー毎日』一九四八年二月二九日号）。そのなかで保科は、香淳皇后の生活は「少しもみな様方と変つた御生活をしておられるわけではございません」と述べ、その生活が質素であることを強調している。また、香淳皇后が昭和天皇を毎日見送る姿は、「民間の人達が主人の出勤を見送るのと同じでございます」と、天皇夫妻と一般の家庭とは差異のないことも主張する。鈴木・保科ともに、皇室記者たちの文章・記事と基本的には同じエピソードが多い。

こうした文章では、香淳皇后は昭和天皇に基本的には付き従い、内助の功を発揮する女性として描かれていた。また、次のような元宮内官の談話を掲載した雑誌もあった。

女房天下といつても、皇后さまが天皇さまを、お尻に敷いているわけではない。天皇さまは、周知のように、生物学に深い造詣《ぞうけい》をお持ちで、現在でも、国務の余暇は、ほとんど研究に費やされておられるほどだ。従つて、日常生活については、ほとんど無頓着な方で、皇后さままかせである。それで、結果的には、皇后さまが天皇さまをリードしているかたちになるわけだ。だから、〝女房天下〟といつても、気の強い細君が気の弱い夫の息づらをとつてひきまわすといつたようなものではなく、大学教授や科学者などの学究の家庭によくみられる、微笑ましい〝女房天下〟と云えるでしようね（『週刊サンケイ』一九五四年新年特別号）

このエピソードから、記事では「婦唱夫随《ふしょうふずい》の天皇御一家」と結論づけている。やはり皇室記者やこのような記事の語る香淳皇后の姿はかなり似通っており、定型化している。おそらく、こうした記事の情報源として宮中関係者たちがおり、彼らとの協同によってこうした文章や記事が作成されていたからこそ定型化されたのだと推測される。皇室記者や宮中関係者は、日常的な天皇・皇后の生活を強調することで、「人間」としての側面を描き出そうとする意図を込めていた。一方で、こうした強調がなされればなされるほど、香淳皇后は天皇に寄り添う存在、天皇を後ろから助ける存在という「妻」としてのイメージが固定化していった。『週刊サンケイ』の記事は、わざわざ皇后のリードは家庭に限定されるもので、国事や公的な事項に関しては天皇には口を出さないことが明記されている。多くの記事では、香淳皇后は決して主体的な存在として描かれず、日常生活のなかで天皇を支える存在（「良妻」）としてのイメージを生産し、広めていったのである。

一方で、香淳皇后の「妻」のイメージには、「母」のそれとは異なる意味合いも存在した。

皇后さまを、昔は国母陛下といったことがある。いまでも無意識にいう人があるかも知れない。日本の国を一つの家族国家とみて、女の家族の最上位にある母になぞらえた表現だった。家族制度が廃された今日では、母というのは当らない。天皇に配する、天皇と同様なる妻として見直すべきである（「街の人物評論皇后」『中央公論』六六巻一号、一九五一）。

ここには、日本国憲法施行後には戦前のような戸主を中心とする家族制度が廃止され、男女が合い並ぶ形での夫婦という形態が浮上してきた状況を前提にしている。そのために、「妻」としての皇后イメージが強調されるようになった。それは天皇に付き従う形ではあったものの、新しい時代を想起させるイメージではあったと言えるだろう。

三　行動する香淳皇后

キリスト教の「御進講」　前章で述べたように、香淳皇后は戦時中、野口幽香《ゆか》から聖書に関する「御進講」を受けるなど、キリスト教に関する関心を高めていた。敗戦後、郷里に帰っていた野口に代わり、香淳皇后はさまざまな人々からキリスト教に関する「御進講」を受けることとなった。

一九四六年一月、聖心愛子会《せいしんあいしかい》会長の聖園《みその》テレジアが宮中に招かれて、香淳皇后と会った（原武史、二〇一五）。聖園は戦前から観菊会に招待されるなど、皇室との関係が深い女性であった。三月には侍従の入江相政《いりえすけまさ》と戸田康英《とだやすひで》が聖心愛子会本部を訪問、香淳皇后の手紙を手渡している（『入江相政日記』一九四六年三月一九日条）。四月には葉山御用邸に滞在していた香淳皇后が聖心愛子会本部を訪問する（『側近日誌』一九四六年四月九日条）など、皇后は聖園との関係性を深めていったものと思われる。

また、同月には昭和天皇とともに、アメリカへ向かう世界ＹＷＣＡ副会長・日本基督教女子青年会会長の植村《うえむら》環《たまき》を皇居へ招いた。植村は帰国後、香淳皇后と会い「バイブルを奉呈、相当長時間復命する」（『入江相政日記』一九四七年四月一〇日条）。そして、香淳皇后や娘たちに聖書などの講義を週一回のペースで行うようになった（牛島秀彦、一九九〇）。香淳皇后は植村から聖書を受け取り、キリスト教に関する知識を得ていったのである。

帰京した野口による香淳皇后への「御進講」も再開された。一九四七年一一月一九日には「人生ノ旅行」というテーマで個人と神との関係性が語られている。また翌年七月一六日には、聖書の「テサロニケの信徒への手紙」第五章第一六節「いつも喜んでいなさい」を題材にした講義を野口は行った（前掲「野口文書Ⅲ　雑稿御進講草稿」）。戦中同様に、香淳皇后はこのように野口の聖書に基づく講義を聞いて、キリスト教思想を学んだ。

そして、香淳皇后は昭和天皇とともにキリスト教関係者からの「御進講」を受ける機会も多かった。カトリックについては法学者の田中耕太郎東京帝国大学教授から（『昭和天皇実録』一九四六年四月三〇日条）、プロテスタントについては英文学者の斎藤勇東京帝国大学教授から（同一九四六年五月七日条）話を聞くなど、キリスト教関係者から講義を受ける機会が多かった。これには、昭和天皇自身がクリスチャンから話を聞き、キリスト教に関する知識を得ることに熱心であったことも背景にあるが、香淳皇后自身も同じであった。

一九四六年一〇月には、明仁皇太子の家庭教師となるアメリカ人のエリザベス・グレイ・ヴァイニングが来日する。ヴァイニングはクエーカー（プロテスタント・フレンド派）で、皇太子に英語のほか、平和や民主主義についても教示した。香淳皇后も自ら希望し、週二回のペースでヴァイニングと会い、英語の授業を受けるようになる（エリザベス・グレイ・ヴァイニング、一九五三）。ヴァイニングが香淳皇后にキリスト教に関する講義をしたことは基本的になかったようであるが、その思想は受け継いだと思われる。一九五〇年にヴァイニングが帰国した後、香淳皇后はヴァイニングに手紙を送っている（これは日本語訳版には訳されておらず、原著のみに収録されている）。そこには、香淳皇后はヴァイニングの英語の授業がなくなったことをさびしく感じていること、皇后は興味を持ってヴァイニングの著作である『ウィリアム・ペン』（岩波新書、一九五〇）を読んでいること、昨年ヴァイニングにクリスマスの歌を習ったことを思い出し歌ったことなどが書かれている。ウィリアム・ペンはクエーカーの中興の祖とも言われる人物（木村毅「皇后さまの手紙」『富士』五巻一〇号、一九五二）で、それを香淳皇后がわざわざ読むこと自体、キリスト教に関する知識を得ようとする彼女の姿勢と見ることができるだろう。そして、クリスマスの歌を歌ったというエピソードも、その思想が香淳皇后のなかで定着していたからではないだろうか。敗戦後、香淳皇后は積極的にキリスト教思想に触れて学んでいたのである。

香淳皇后の巡啓　敗戦後、昭和天皇は全国巡幸を行っていたが、香淳皇后は一九四七年九月の栃木、一九五四年八月の北海道を除き、同行はしなかった。一方で、都内近郊への行幸については、同行することが多かった。香淳皇后が同行しなかったのは、日本学士院などの授賞式といった国家権威が関わる儀式や大学の創立記念式など、当時の女性がほとんど関わることがなかった団体への行幸に限定されており、社会福祉事業や美術芸術関係などの行幸には同行していた（瀬畑源、二〇一三）。ジェンダーが明確に行動としてあらわれていたのである。

一九四九年三月には、香淳皇后は昭和天皇と母子愛育園を訪問している（『愛育』一四巻三号、一九四九）。そこで愛育会の事業について説明を受け、子どもたちの様子を視察した。このように、都内近郊の福祉施設に天皇・皇后ともに出かけ、そこで言葉をかけた。こうした行為が、社会福祉事業への奨励となった。こうした行動は戦前と変わらなかった。

四　香淳皇后への批判

宮中服　香淳皇后に対しては「ふくよかで健康的」といった体型に関する話題や、「美しいご微笑」といった顔の特徴もたびたび挙げられ、その親しみやすさが強調されていた（小野前掲「妻として母としての皇后さま」）。香淳皇后の太った見た目は肯定的に捉えられようとし、それすらも「人間」的なエピソードとして消費されていたのである。

一方で、香淳皇后の見た目に対する批判も存在した。戦時中の一九四四年に生地を節約するために考案された「宮中服」を、敗戦後も継続して着用していたからである。それはもんぺを改良した和洋折衷型の服装で、見た目のいびつさから評判が悪かった（『週刊朝日』一九五二年五月二五日号など）。この宮中服は「戦争最中に便利、経済、外観に重点をおき、一反の古い着物をそのまま更生し得る考案に基ずいたもの」であった（藤樫準二「皇后さまの御装い」『装苑』七巻一号、一九五二）。

一九四七年に香淳皇后初めての単独インタビューとされた記事では、皇后はこの宮中服について、「わたしはあまりすかないのですが、しかしこれを着てでないと外出できないことになつていますので…が、当然将来は普通の品のよい洋服に変えられるべきだとおもいますネ」と述べている（『時事新報』一九四七年五月二〇日）。この記事は後に事実に反するとして取り消されており、『時事新報』によるでっち上げ記事とも皇太后（貞明皇后）に批判的な答えゆえに問題となって取り消されたとも言われるが、いずれにしても宮中服はあまり内外で評判がよくなかった。戦争を思い起こさせたからであろう。

香淳皇后は人々の生活状況を考慮に入れて、敗戦後も服の新調を避けていたようであるが、講和独立が近づくにつれ皇后のスタイルは「新生日本」の表象として外国使節に対応するにはふさわしくないとの批判が噴出する。香淳皇后のふさわしい服装とは何か、論争も展開された（『産業経済新聞』一九五二年八月一七日）。こうした批判に応える形で洋装の新調が検討される（『朝日新聞』一九五一年四月一一日、『読売新聞』一九五一年七月二八日など）。これらの記事では、「パリ・モードをとり入れたスマートな新宮中服」とある。そのためか、「皇室が流行の尖端《ママ》をゆかれるような印象を与え、一般女性にも相当な反響をまねいた」（藤樫前掲「皇后さまの御装い」）。しかし費用の面から洋服新調も実現には至らず、香淳皇后は一九五二年から公式の場で和服を着用し（『朝日新聞』一九五二年四月二八日）、四女の順宮《よりのみや》厚子内親王の結婚式でその姿を強く印象づけた。とはいえ、宮中服から変化したことを「よかつた」と思う人は多かった（『東京新聞』一九五三年一月一三日）。和服姿の香淳皇后は日本の「伝統」性を表象する存在であり、パリモードのような「尖端《ママ》」ではなく、「伝統」的で多くの女性たちが着ていた和服を公的に着ることによって、人々に身近な印象を与えたの

図16　宮中通常服姿の香淳皇后（1946年11月，宮内庁撮影／毎日新聞社提供）

である。

ただし和服姿の香淳皇后は、敗戦後の新しい女性像を表象するまでには至らなかったのではないだろうか。明治文化研究家の木村毅《きむらき》は「皇后さまの服」（『ふぐ提灯（随筆集）』文章倶楽部社、一九五二）という短いエッセイのなかで、「人間性の解放は、いま宮中において最も急速だろう」と述べた。そして戦前の香淳皇后の服がダブダブの不格好であった（玉体として手を触れることができず採寸できなかったためと木村は言う）が、最近の皇后の服は有りふれたものになったと評価する。これは、天皇・皇后が「人間」となったために起きた変化であった。しかし木村は、「今の皇后さまは、内輪で和服を着て、稀に丸髷を結っておられることもあるという話を聞いた。これは一種のなごやかさを感じさせる」と述べつつも、「おそらく当節、民間では丸髷を結う女は、芸者上りの二号夫人など以外には、少くとも東京ではないだろう。それだけ宮中には、民主化のシーズンの近づく歩度がおそいのである」と皮肉を交えて論じている。このように和服姿の香淳皇后は、一方では新しい時代にそぐわない存在として見られていた。

それゆえ、香淳皇后の服のデザイナーである田中千代は「もっとおしゃれを」と求めた（『週刊朝日』一九五五年一月二日号）。それは、香淳皇后の和服姿が必ずしも天皇制が戦前とは変わったこと、言い換えれば象徴天皇制の新しさという側面において、それとは適合的でないと認識されていたがゆえに提起された主張と言えるだろう。

皇女たちの結婚　近代天皇制においては、皇女は皇族と結婚する慣例にあった。しかし敗戦後の皇籍離脱や華族の廃止に伴って昭和天皇の皇女を誰と結婚させるのか、そして象徴天皇制下ではどのような結婚式を行うのかという問題が浮上してくる。

三女の孝宮《たかのみや》が鷹司平通《たかつかさとしみち》と結婚した際、結婚式には敗戦前は皇室親族令によって参列できなかった昭和天皇と香淳皇后も出席したことから、「民主化」された象徴天皇制を印象づけることに繋がった。ただしその結婚式に至るまでにも問題があった。香淳皇后が孝宮に「御島田、御振袖をお着せになりたい」との希望を出していたからである。しかし入江侍従が「どうしてかういふことになるものか分らない。御女性として親御さんとして当然のこと、もいへるが、宮様のお好みでもないものを世間の悪評を犯してまで断行する必要が何処にあるのであらう」と記す（『入江相政日記』一九五〇年三月二日条）ように、香淳皇后の意見に対する反対論も多かった。その後の協議で孝宮らの希望に添って袿袴《けいこ》を着用することとなるが、入江は「平通さんは背広、宮様はスーツ位がよいと思ふのだが」と、より「質素」な形での結婚を意識していた。象徴天皇制下、人々にどう見られ捉えられるのかということを念頭に置いていた宮中側近にとって、香淳皇后の考えは時代遅れであった。

翌年には四女順宮と旧岡山藩主家・元侯爵家の長男池田隆政との婚約が発表されたが、その準備段階で香淳皇后は結婚相手の候補として池田ではなく自らの実家である久邇家を挙げていた。入江は「近親結婚の非なる所以《ゆえん》をよく皇后様に申し上げていない」（同一九五〇年一二月一二日条）と田島道治《たじまみちじ》宮内庁長官を批判しているが、香淳皇后を批判的に見ていたことは確実である。旧来の形の中で結婚を進めようとする香淳皇后に対して、象徴天皇制という新たな枠組みのなかで皇女の結婚を実行したい宮中側近の困惑する様子がわかる。

宮内庁では象徴天皇制となり、それまでとは変わったことを示すため、昭和天皇の皇女たちの結婚相手や服装・行動などの選定で積極的に「民主化」をアピールする方策を採っていった。この二人の結婚は、新しい象徴天皇制のあり方として人々に歓迎され、象徴天皇制の主役は次第に次世代へと移っていく。皇后はそのなかで、旧来の思想に基づいて行動しようとした。香淳皇后は人物的にも次第に新しい象徴天皇制のあり方に対応できなくなりつつあった。そうした問題が、その後の正田美智子と明仁皇太子の結婚、そしてその後の生活のなかで表面にあらわれていくことになる。

おわりに

敗戦後、香淳皇后には二つのイメージが存在した。第一に、「母」としてのイメージである。これは、戦時中からの「母」のイメージの継続・残存であったと言える。日本という国家の女性の象徴として、皇后は捉えられていた。しかし敗戦後の「母」としてのイメージは戦前とは異なり、「人間」としての側面をアピールすることに重点が置かれていた。「人間宣言」後の象徴天皇像を形成する一つの要素として、人々の理想的な家庭像のなかでの、理想的な「母」という役割が香淳皇后に与えられた。天皇家が一般の家庭と同じような雰囲気を持っていることを示すことで、「人間」としての象徴天皇像の基盤となっていったのである。

第二に、「妻」としてのイメージである。これは「母」としてのイメージと同様に、「人間」としての側面を描き出す意味を持っていた。ただし「母」としてのイメージ以上に、戦前のような家族制度が廃止された後の、新たな夫婦関係を示すイメージとして「妻」は捉えられていたこと。その意味では、敗戦後の新しい時代状況により適合したイメージであったと言える。しかしそこでの皇后像は、あくまで天皇に寄り添う形で、一人の主体として描かれてはいなかったことにも留意しておく必要があるだろう。

香淳皇后自身も、敗戦後、キリスト教思想を積極的に取り入れるように自ら動き、新しさを受け入れていったと思われる。また、象徴天皇制における天皇・皇后のあり方という点においても、夫婦そろって社会福祉事業を奨励する役割を担っていく。それは戦前から継続された行動であったが、社会が変わったことで新たに意義づけがなされていく。

こうした香淳皇后のイメージや行動は敗戦直後から一定程度の時期、好意的に受容されていた。しかし次第に講和独立が近づき経済状態が好転化してくるなかで、そのイメージ自体が古くささを感じさせるようになっていく。香淳皇后イメージは敗戦直後の「人間」的な象徴天皇像を人々に定着させることの大きな要因になったが、「新生日本」を示したいという人々のナショナルな意識を満たすことができなくなる。また、香淳皇后自身もそうした新しさに付いていけなくなってしまう。そして象徴天皇制の主役は明仁皇太子を含めた次世代へと移行し、その後、正田美智子という起爆剤を得ることでより人々の関心を集めていくことになる。

コラム

皇后と行啓

瀬畑　源

天皇が外出することを「行幸《ぎょうこう》」といい、太皇太后（天皇の祖母）、皇太后（天皇の母）、皇后、皇太子、皇太子妃、皇太孫（天皇の孫が皇位継承第一位のケース）が外出することを「行啓《ぎょうけい》」という。天皇皇后が共に外出する際には「行幸啓」という。これらは皇室専用に使われる用語の一つである。宮内庁のウェブサイトを見ると、「行幸啓」と書かれているが、「お出まし」という一般的な用語を使うことが多くなっており、最近ではあまり使われなくなっている。

近現代の四人の皇后の行啓を見ると、それぞれに特徴がある。行啓は国民やメディアの前に自らの身体を晒すという行為である。そのため、自分がどのように国民から見られたいかという政治的な意図が反映される。その意図は、皇后本人の個性によるものもあるが、政府の政策に沿ったものであるケースが多い。

明治天皇の皇后である美子（昭憲皇太后）は、近代日本国家のなかで、新しく女性に要請される国家的役割を担った。片野真佐子は、天皇の行幸は軍事・兵事に関する場所が多いが、皇后の行啓は文化・学事・慈善に関する場所が多く、性別役割がふまえられていることを指摘している（片野真佐子、二〇〇三）。また、若桑みどりによれば、美子皇后が国家的事業に関わる領域は、もっぱら女子教育、看護（特に戦時看護活動）、綿布製糸産業育成奨励の三点に集中していると指摘している（若桑みどり、二〇〇一）。美子皇后の行啓先を見ると、女子教育を担う学校、日清戦争や日露戦争時の戦傷病者が収容された病院、富岡製糸場などの製糸会社などが多く含まれている。

一八七五（明治八）年に開校した東京女子師範学校（現在のお茶の水女子大学）は、美子皇后からの五〇〇〇円の下賜金を元に設立された。華族女学校（現在の学習院女子中・高等科）には一八八七年に、女子の道徳や学業の奨励などが書かれた「金剛石」「水は器」の歌を下賜した。この二曲は全国の女学校でも歌われた。

西南戦争時に前身の博愛社が設立された日本赤十字に対しても、美子皇后は深い関心を示した。日赤の社章は、美子皇后が使っていたかんざしからデザインされている。戦時に際しては、皇后をはじめとした皇族の女性達が包帯を製作することが慣例化し、皇后は病院への慰問などをくり返した（小菅信子、二〇〇九）。日赤の総会へは、初期の頃からほぼ毎回慣例で行啓しており、これは現在まで続いている。一九〇五年の日露戦争時には愛国婦人会総会に行啓し、その後、総会行啓は慣例になった。

大正天皇の皇后である節子（貞明皇后）は、美子皇后が行っていた行啓を引き継ぎ、慈善事業などへの行啓を数多く行った。また、大正天皇の体調悪化に伴い、皇后のみで行啓を行うようになり、一九一九（大正八）年の京都や一九二二年の九州など、長期にわたって行啓する機会も増え、各地で歓迎を受けた。一九二三年の関東大震災の時には、病院や避難所などへ行啓し、積極的な慰問を行った。原武史は「天皇がほぼ完全に視界から消えた『空白』を、皇后は皇太子とともに埋める役割を果たした」と指摘している（原武史、二〇一五）。

昭和天皇の皇后である良子（香淳皇后）もまた、日赤や愛国婦人会、慈恵会などへの行啓を引き継いだ。総力戦体制下において戦争が断続的に続くなかで、皇后は国民の「慈母」としての役割を強め、兵士の慰問を行い、「良妻賢母」の象徴として女性動員の推進の役割を担った。良子皇后は、昭和天皇との性別役割分担が明確であったと言える。一九三二（昭和七）年から靖国神社への参拝が始まり、日中戦争開戦後は年二回の臨時大祭に合わせて参拝することが多くなった。また、陸軍や海軍の病院を行啓して傷痍軍人を見舞うことも数多く行われるようになった。

敗戦後は、昭和天皇とそろっての行幸啓が非常に増えた。東京都内の社会福祉施設や、全国各地で行われた国民体育大会や全国植樹祭への訪問では、昭和天皇と行動を共にするようになった（瀬畑源、二〇一三）。背広を着た昭和天皇とそれに寄り添う良子皇后という「夫婦揃って」の行幸啓は、昭和天皇の背負った軍服イメージを消し去り、「平和国家」の象徴としてのイメージ作りに繋がっていった。

明仁天皇の皇后である美智子は、近現代の皇后のなかで、突出して積極的に行啓を行ってきた。皇太子妃時代から、美智子は明仁皇太子に同行し、皇太子よりも積極的に国民に近づき、話しかけていった。明仁天皇が、のちに被災者の慰問の際に国民と同じ目線で話すようになっていくのは、美智子皇后の影響があったといえる。また、明仁天皇即位後の行幸啓の数を調べた河西秀哉によれば、天皇皇后揃って出かけている件数が多いだけでなく、東京都内への皇后の単独行啓の多さを指摘している（河西秀哉、二〇一七）。美智子皇后は、行幸を通じて国民統合を積極的に行おうとする明仁天皇をサポートする役割を、自ら積極的に担っていると言えよう。

次代の皇后である徳仁《なるひと》皇太子妃雅子は、これから皇后としてどのような行啓を行っていくのだろうか。適応障害に苦しむ雅子妃は、近現代で初めての「行啓をほとんど行わない皇后」となるのかもしれない。その時、皇后の役割はどのように変化していくのだろうか。

〔香淳皇后・美智子妃　一九五二〜一九六五頃〕

第六章　香淳皇后と美智子妃の連続と断絶

森　暢平

はじめに

近現代皇室の歴史のなかで、正田《しょうだ》美智子／美智子妃の登場ほど画期的な出来事はない。旧皇族でも旧華族でもない「平民」から選ばれ、明仁皇太子との「恋愛言説」がメディアにあふれた。美智子人気は、一九五九（昭和三四）年四月の結婚パレード沿道に六〇万人が集まった事実からもうかがうことができる。その後、美智子妃の振る舞いやファッションへの注目は、まるで映画スタアに対するそれであった。いわゆるミッチーブームである。天皇退位をめぐり、改めて「平成流」に注目が集まっている。「平成流」というとき、災害の見舞いの際、膝をついて話を聞く天皇夫妻の姿が念頭におかれることが多い。その「平成流」の原点として、河西秀哉（二〇一七）は一九六二年五月の宮崎県立整肢学園での図像を示している（図18）。美智子妃が腰をかがめ、子供に顔を寄せて声をかけた場面である。これは南九州三県行啓での一コマであるが、この旅行で美智子妃は子供をみればその目線まで座り、老人や障がいのある人に対しても腰を折る姿を各地でみせた。こうした距離の近さは、美智子妃の個性がゆえと考えられることが多い。

図17　美智子皇后関連系図

昭和天皇
　║
香淳皇后
　└ 皇太子明仁（今上天皇）
　　　║
正田英三郎 ― 美智子
　　　├ 浩宮《ひろのみや》徳仁《なるひと》
　　　├ 礼宮《あやのみや》文仁《ふみひと》（秋篠宮）
　　　└ 紀宮《のりのみや》清子《さやこ》（黒田清子）

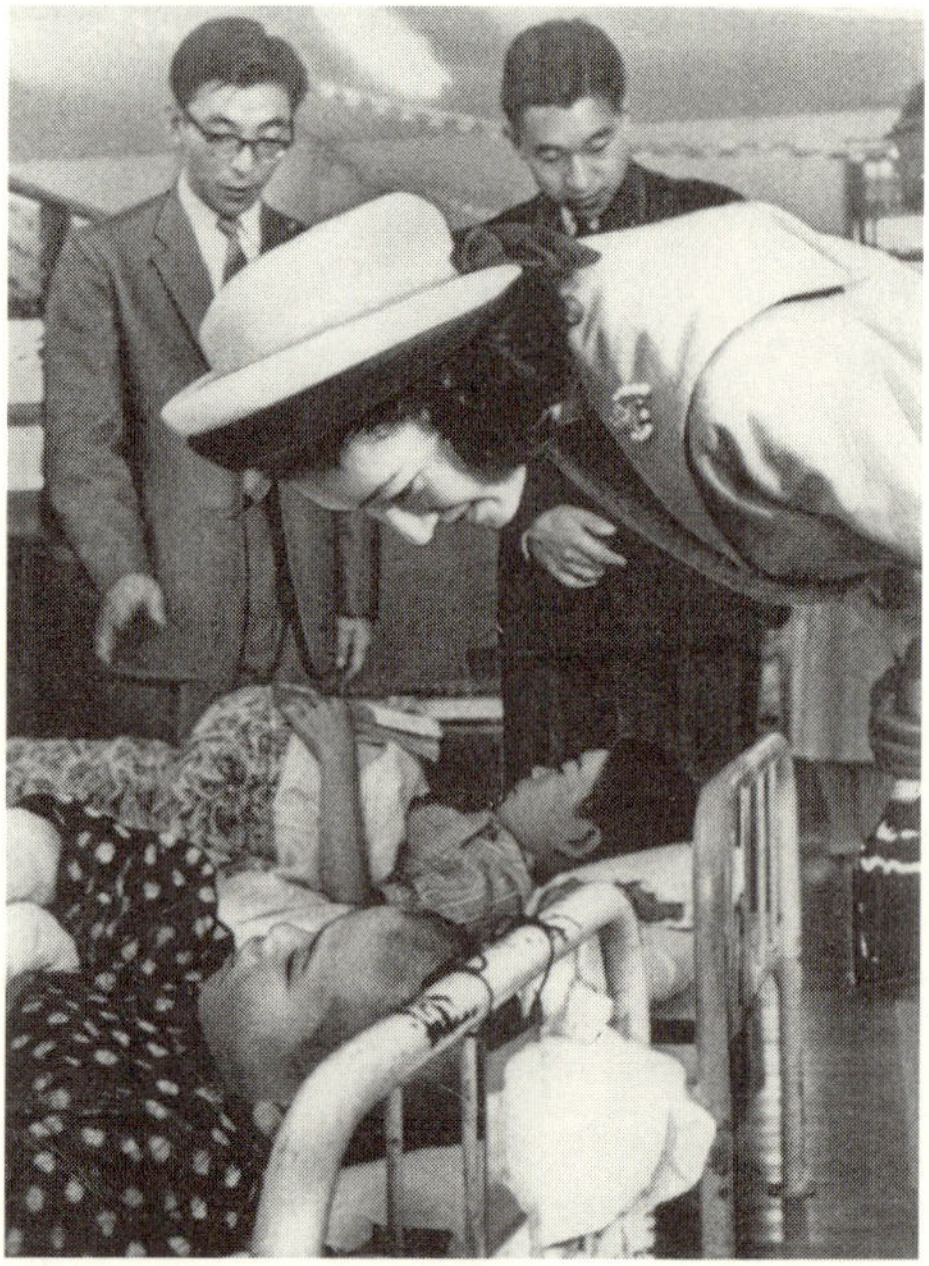

図18　宮崎県立整肢学園に行啓した美智子妃（1962年5月）

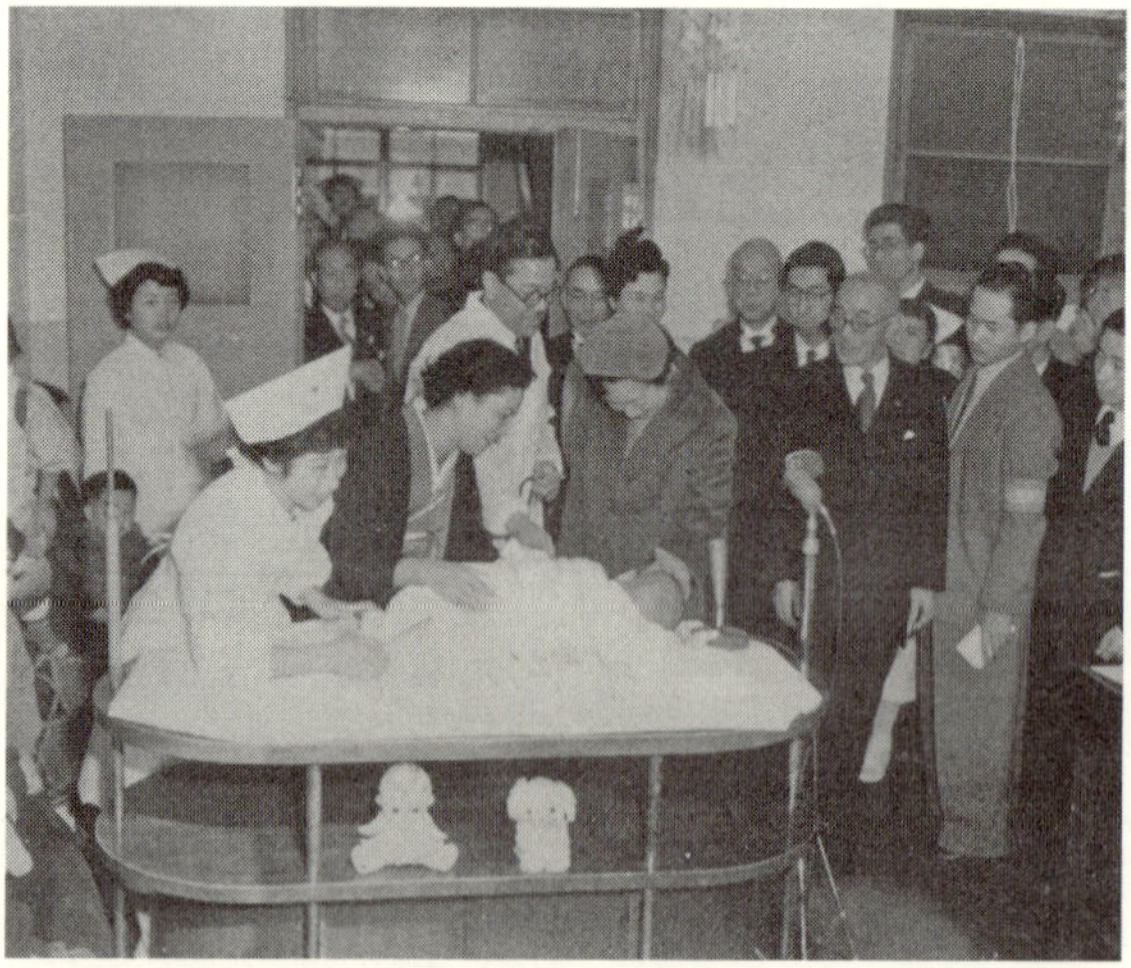

図19　大津赤十字病院を訪れた香淳皇后（1954年11月）

しかし、弱者に寄り添う、あるいは身体を近づける行為自体は、美智子妃以前にもあった。図19は、一九五四年一一月、香淳皇后が滋賀県の大津赤十字病院小児科病室を訪れたときの図像である。香淳皇后は入院中の男児に近づき、顔を寄せ、頭をなでている。

弱者への慈恵は皇室の伝統であるが、敗戦後、民衆に近い存在であることをアピールする必要に迫られた戦後皇室は、女性皇族のもつ母性、優しさを利用した。それをよく示すのが図18であるが、これは美智子妃の個性だけで説明すべき現象ではない。昭和二〇年代から三〇年代という時代のもとで当時の皇室に求められたあり方が美智子妃の行為に投影されているのだ。美智子妃登場は皇室に新しい傾向をもたらしたと語られることが多いが、美智子妃はそれ以前の時代とも連続するのである。

しかしながら、画期としての美智子妃と比較すれば、当時の香淳皇后は、「平成流」とは断絶している面もやはりあるだろう。それでは、二人の女性皇族の間で何が連続し、何が断絶しているのか。本章が明らかにしたいのはその点である。しかし、これは二人の異同を明らかにすることだけが目的なのではない。

皇室は社会のなかにあり、社会を鏡のように映す存在である。この章が扱うのは、独立回復後の一九五二年から六五年までの香淳皇后と美智子妃であるが、それは高度経済成長のなかで日本社会が変容した時期と重なる。こうした時代のもと、二人の女性皇族はどのように振る舞い、どのように受け止められたのだろうか。これがこの章の問いである。もっとも大きな出来事は、美智子妃の登場――ミッチーブームの到来である。だが、ブーム自体を検討するよりむしろ、時代の変化と、女性皇族の変化を相関させながら論じていきたい。

そのための戦略として、本章は図19が撮影された一九五四年の香淳皇后の近畿三府県（京都、滋賀、奈良）行啓と、図18が撮影された六二年の美智子妃の南九州三県（宮崎、鹿児島、熊本）行啓を比較することにする（一節、三節）。ともに日本赤十字社の地方ブロック支部社員大会への出席を主目的とする行啓であり、正田美智子が突然メディアに登場した一九五八年をはさんで、その四年前、四年後にあたる。高度経済成長が始まる前と後をうまく対照させることができると考えたためである。そのうえで彼女たちの行動がどのような社会背景をもっていたのかを考えていきたい（二節、四節）。

一　香淳皇后の近畿三府県行啓

皇后の肉声　香淳皇后は一九五四（昭和二九）年一一月四日から七日まで、京都、滋賀、奈良の三府県を単独で訪問した。主な目的は、大津市で開かれた日本赤十字社近畿支部社員大会への出席であった。香淳皇后の単独での地方訪問は一九四一年五月、伊勢神宮、神武天皇山陵を参拝のため京都、三重、奈良に訪問したことが唯一の先例であった。五四年八月、昭和天皇とともに北海道を訪問し、いわゆる戦後巡幸が一段落した。皇后の単独地方訪問は、独立回復後の皇室の新機軸であったのだろう。

マスメディアは皇后の肉声を積極的に報道した。前述したとおり大津赤十字病院では、皇后は二歳男児の頭をなでた。カメラのフラッシュに驚いて男児が泣いたためである。皇后はさらに「お母さまも傍へ来てあげなさい」と、母親を近くに呼び寄せた（『朝日新聞』滋賀版一一月六日）。

図19をよくみると、ベッドサイドに二つのマイクが設置されている。拾われた声はそのままラジオにのった。香淳皇后には、子供に近づき、「慈愛に満ちた」言葉を発することが期待されていたのである。写真の右側には腕章をつけた記者が並んでいる。記者たちは、皇后の一挙手一投足をみつめていた。

マスメディアは取材設定がない場所でも関係者に取材し、皇后の発言を紹介した。奈良正倉院を見学した際、奈良時代の東大寺大仏開眼会《かいげんえ》に用いられた開眼縷《かいげんる》について「当時はなかなか民主的でしたね」と発言したと伝えられる（『産業経済新聞』奈良版一一月七日）。開眼会の参集者全員が縷に触れて功徳に預かったことを「民主的」といっているのであろう。

世俗性と混乱　世俗的な関心に答える報道もあった。『滋賀新聞』（一一月六日）は、香淳皇后の右足内側のくるぶしに絆創膏《ばんそうこう》が貼ってあるのが靴下を通して目についたと報じている。「よう肥えてはるなあ」「こっちをむいて笑うてはるよ」など人びとの本音を掲載した婦人誌もあった（『婦人朝日』一〇巻一号、一九五五）。

皇后を迎える奉迎者は滋賀では約四万人、奈良では約一万人であったと推定される（『京都新聞』滋賀版一一月五日、『毎日新聞』奈良版一一月七日）。人波のなかで、混乱も起きた。奈良公園を散策しシカに餌をやる皇后に対し、四〇〜五〇メートル《メートル》離れた規制線の外にいた人びとが警官の制止を聞かず規制線を越えた。人びとは皇后の周囲に押し寄せ、砂ぼこりが立つ騒ぎになったのである。皇后は泰然として微笑《ほほえ》みを絶やさなかったが、警官が顔色を変えて走り寄り、皇后は知事らに囲まれるようにして二〇メートル《メートル》先の車まで急いだ（『大和タイムス』『毎日新聞』奈良版一一月七日）。ただ、もともと皇族と民衆の間に壁をつくらないことが当時の警備の方針であった。皇后と民衆との間にはおおらかな関係があった。

人びとは、皇后が自分たちに近づき肉声を発することを求め、そうした欲望に応じようとする皇后を歓迎したのである。

敗戦と復興　皇后奉迎について、地元メディアは大々的に報道した。記事のなかには、新しい国のあり方に方向性がみえ、戦災からの復興が一段落つきつつあることを喜ぶ言説があった。

滋賀県の奉迎者の声のなかで、ある幼稚園長は「目近く奉迎したのははじめてで万才をさけぼおと思つたが胸が一ぱいになり、声が出なかつた。そして日本は大丈夫だという気持が強くおこりました」（『滋賀新聞』一一月六日）と述べている。中国に従軍経験がある長浜赤十字病院の二九歳看護婦は、「戦時中から皇后さまは私たちの名誉総裁でしたが、いまこんな近くでお目にかかれるとは…ほんとうによい時代になりました」と涙をこぼしたという（『読売新聞』滋賀版一一月六日）。戦災から立ち上がった現状を「日本は大丈夫」「よい時代になりました」と喜んでいるのである。

『滋賀新聞』（一一月五日）社説も「われらの皇室としておなじ地上に立ち、おなじ息吹きを感ずる親しさをもち、それだけ、一つの感情が共通して、新しい国の在り方に、懐しさと励みとが感ぜられるようになつた」と書いた。皇后に新しい「国の在り方」をみているのである。

皇后を歓迎する空間では、敗戦という集合的記憶が呼び起こされ、どん底からの復興を喜ぶ人びとの姿があった。

皇后との距離　こうした共感の一方で、皇后の発言は断片的であり、彼女の人物像が浮き彫りになる言葉で自ら語ってはいなかった。日赤大会での「おことば」は、「支部の事業は、年々拡充せられつつありますが、国民の期待に副《そ》つて赤十字の使命を果すためには、更に、一般の深い理解と支援とを得て事業の発展を期してゆかなければならないと考えます」と当たり障りない文章であった（日本赤十字社近畿七府県連合支部編、一九五五）。紋切り型と評されても仕方がない内容だといえる。

奈良県の奉迎では、高校生は任意参加となっていた。しかし、学校全体で二〇～三〇人しか参加しなかった高校もあり、付き添いの教師は、「〔生徒は〕皇后さまとは年齢的にも大きく開きがあり、母性の象徴といった意識は生徒にはまだまだ起りませんからね」と話した（『朝日新聞』奈良版一一月七日）。若い女性のなかには、皇后の服装をみて「あのオーバー上等ネ」と述べた者もいた（『大和タイムス』一一月七日）。若者と皇后との距離を感じさせる感想である。

歓迎のなかに「熱狂的な興奮はな」かった（前掲『婦人朝日』一〇巻一号）。皇后には国民のなかに入っていかなければならないという意志はあったが、戦前の皇室と国民のあり方から抜け出せない意識も残っていた。一方民衆も戦前とまったく違った扱いをすることに慣れていなかった面があるだろう。

二　香淳皇后への共感と、戦争の記憶

和服のナショナリズム　香淳皇后は「微笑みの皇后」と称せられた。逆にいえば、「微笑み」以外、特筆すべき個性がみえなかったといえる。しかし、香淳皇后もある時期まで、民衆から一定の共感を受けていたことをみのがすべきではない。前節で戦争と復興に対する集合的記憶が、近畿三府県行啓を歓迎する民衆意識の背景にあることをみた。一言でいえば「敗戦ナショナリズム」である。

第五章において河西も指摘しているが、日本が独立を回復した一九五二年から香淳皇后は公式の場で和服を着ている。この年は、一〇月、四女・厚子《あつこ》内親王の結婚式があり、皇后は、金色の綸子《りんず》に鳩の模様が入った鮮やかな和服を着た。さらに一一月の明仁皇太子の立太子《りったいし》の礼でも、藍色の綸子の肩に富士山の模様があった。「鳩」と「富士山」の二着は、皇后に服装のアドバイスをしていたデザイナー田中千代の手によるものである（『週刊朝日』一九五二年一一月一六日号）。平和の象徴「鳩」と、日本の象徴「富士山」が描かれたところに、「独立」

「民族」「平和」の意味が読みとれる。皇后の和服姿は、カラー写真で女性誌に掲載され、美しさが紹介された（『婦人朝日』八巻三号、一九五三）。

あまり知られてはいないが、独立回復後の初の新年行事である一九五三年の新年祝賀の儀では、皇后は皇族妃とともに打掛《うちかけ》を着た（田中徳ほか、一九五七）。新年祝賀の儀の服装は、いつの間にかローブ・デコルテに変わるのであるが、当初は和服だったのである。

独立回復後の数年間は、皇后の服装の過渡期であり、とくに和服を召す皇后の姿は、「日本女性の象徴として美しく」あってほしい（作家阿部艶子《あべつやこ》の『週刊朝日』一九五二年一一月一六日号へのコメント）という当時の女性たちの願いとつながっていた。

「小説皇后さま」　戦争に対する記憶を皇后にみようという意識は、『主婦の友』が一九五五年一月号から連載した小山いと子の小説「皇后さま」にもみてとれる。香淳皇后の生い立ちから、裕仁《ひろひと》との結婚、そして娘たちの嫁入りと皇后の半生を描いた小説で、五六年一二月号までつづいた。小山は、軍部の横暴を抑えられず苦悩する天皇を支える皇后を描き、佐藤泰治《たいじ》が担当する挿絵は、炎上する宮殿を茫然と眺める皇后の姿を描写した。作品の底流にあるのは、天皇皇后も、天皇制というシステムのなかで戦争に巻き込まれた存在であるという歴史観である。小説は最後に、「私は、皇后として、妻として、母として至らぬことばかりではあつたが、力のかぎり生きて来た。これからもそうありたい」と皇后がつぶやくところで終わる。戦争を生き抜いてきた世代が、共感できる描写であった。読者が、自分の戦争体験を皇后に重ね、皇后も「私たち」と同じ戦争の被害者だと考えようとしたといえる。

実際、連載が終わったあと、『主婦の友』読者欄には、つぎのような投書が掲載された。「戦後、私たちは衣食住には言語につくせぬほど悩み通しましたが、皇室も御同様であつたこと〔略〕嫁がれる宮様に対する皇后さまの、普通一般と少しも変らぬやさしい愛情、時代の大きな転換期にありながら、天皇をお助けしながらの内外の精神的御苦労のほどがしのばれまして、今までにない親しさを感じました」（茨城県の女性。『主婦の友』四一巻一号、一九五七）。小山は、一般国民同様、皇后も時代に翻弄されたと伝えようとし、その取材には宮内庁も協力した。皇室と民衆がともに戦争の被害者であるという「民族的一体感」を所与の前提として書かれた小説であった。

人間皇后のアピール　皇后周辺はまた皇后の日常、その人間性を伝えることで、民衆の共感を得ようとした。たとえば、皇后は一九五四年八月、北海道旅行の際、六〇《チセン》あった髪を切り、パーマをかけたことである。宮中神事のおりには「おすべらかし」という特殊な和髪を結う必要があったが、差し支えない程度に切ったのである（宮廷記者団編、一九五五）。パーマをかけた皇后の決断について、「国民の中にとけこまれようとする人間皇后さまのお姿として、非常に親しみを抱かせる」と評価する者もいた（『婦人倶楽部』三六巻二号、一九五五）。

皇后が美容体操をしていることもしばしば宣伝された。ＮＨＫが美容体操の番組を始めたのは一九五四年のことであるが、皇后はＮＨＫから体操の図解を取り寄せて、運動を始めた。五七年五月には入江《いりえ》相政《すけまさ》侍従がＮＨＫを訪問して番組に出演する竹腰《たけこし》美代子に直接指導するように依頼している（『入江相政日記』一九五七年五月二九日条）。一九五五年には、日比谷の東京宝塚劇場で、結核予防会の慈善映画会に出席し、洋画「スタア誕生」をみた。皇后が街の劇場で映画をみるのは初めてのことであった（『読売新聞』一九五五年五月二七日）。五八年には、東京日本橋の明治座で、ハンセン病患者のための慈善観劇会に出席し、水谷《みずたに》八重子《やえこ》が主演する新派劇を鑑賞した。新派劇をみるのも初めてであった（『読売新聞』五八年三月二二日夕刊）。さらに同年、東京宝塚劇場でやはり人生で初めて宝塚歌劇をみた（『読売新聞』同年四月二日）。民衆が楽しむのと同じような大衆芸術を鑑賞することは、皇后の人間性をアピールするためには重要なイベントであった。

古い皇后　しかし、戦争や占領下の労苦を経験していない若い世代には皇后の古さは無関心につながっただろう。一九五六年、茨城県の中学校教諭が、地久節《ちきゅうせつ》と呼ばれた皇后誕生日はいつかを聞いたところ誰も知らなかった（『読売新聞』一九五六年三月七日）。

第五章で河西は、母の日に皇后が母親代表から花束を贈呈されていたことを指摘しているが、ここでの母親代表は、主に戦争で夫を亡くしながら子供を育てる母子家庭の母が中心であった。母子福祉行政の一環として皇后への花束贈呈が行われた側面があった。背後には戦争の影がみえ隠れしている。いつまで母の日における皇后への花束贈呈が行われたのかはっきりと確認できないが、一九六三年を最後に新聞記事は途絶えている。高度経済成長とともに、母たちの恒例行事は、少なくともメディアの舞台からは姿を消した。香淳皇后は「母」としての共感を得られる対象ではなくなったともいえるし、戦争未亡人が社会問題の座から消えたともいえる。

大津での赤十字社員大会での「お言葉」が紋切り型であったことは先にみた。皇后の発言について、『朝日新聞』の荒垣秀雄《あらがきひでお》はつぎのように苦言を呈している。

皇后様のお言葉といえば、「苦しいこともあろうが、どうかしつかり元気でネ」とか「体を大切にして立派な母になり、健全な子供を育てるよう一層の努力をして下さい」とか、判《はん》で捺《お》したような無味乾燥な修身《しゅうしん》みたいな文句にきまつている。〔略〕もつと色んな人種と膝つき合わせて話したり、小説を読んだりして、もつと血の通つた人間の言葉を覚えてもらいたいものです（荒垣秀雄、一九五三）。

一九〇三年生まれと香淳皇后と同い年の荒垣さえこういうのであるから、若い世代は型にはまった皇后に魅力を感じ得なかっただろう。

皇后のおしゃれ　美智子妃出現以前の皇后表象について、坂本佳鶴恵（二〇一五）が『主婦の友』の内容分析をもとに興味深い指摘をしている。「皇后さまは美しい」など、当時の女性誌には、皇后の美しさやファッションへの言及がみられる一方で、流行や外見にはそれほど気を使っていないことも強調されていたというのである。具体的には、「皇后様のお化粧室」（前掲『婦人倶楽部』三六巻二号）、「皇后さまのおしやれ」（『主婦の友』四〇巻一号、一九五六）のような記事がある。たしかに前者は皇后のおしゃれを紹介する一方で、「きらびやかに飾りたてるより、内からにじみ出るような教養美の涵養《かんよう》につとめて」おり、「技巧的に墜すきらいのある今の若い人たちの大いにお手本」となるはずだと、若い女性の行き過ぎにも注意を促していた。新しいおしゃれを歓迎しながら、抑制的な面を忘れていない。進取と保守という二面性を体現するのが香淳皇后だといえる。本格的な大量消費社会のとば口にあったときに、明治生まれのこうした女性像は時代遅れであった。この時期、既製服や化粧品の製造は飛躍的に増大し始める。おしゃれに対する女性の意識も劇的に変わっていくのである。

戦争の労苦をともにした世代から共感を得られた香淳皇后であったが、時代の急速な変化に対応できなくなってしまう。そのときに登場したのが、正田美智子／美智子妃という新しい皇室スタアであった。

三　美智子妃の南九州三県行啓

〝庶民性〟　ミッチーブームのなか皇室入りした美智子妃の地方訪問は一九六一（昭和三六）年の長野、福島、京都、奈良、富山の計五県への行啓に始まった。六二年は四月に大阪を訪れたあと、五月に宮崎、鹿児島、熊本（南九州三県）を旅行することになった。いずれも明仁皇太子と一緒の訪問であった。南九州三県行啓は、鹿児島県で行われた日本赤十字社九州支部社員大会への出席が主目的であったが、一三日間（五月二日から一四日）の長い旅程であり、人びととの交流がメディアに報じられた。この旅行について、新聞はつぎのように評価している。

> ご旅行中、もっとも人々に感銘を与えたのは、美智子妃の美しさと優しさ、そしてたれ《ママ》にでも気軽くお話しなさる〝庶民性〟だった。〔略〕保育所とか、養護施設とか、およそこどものいるところでは必ず予定時間が超過する。〔略〕工場の女子従業員に、開拓地のお百姓さんに、売店の売り子さんなど数多くの人に気軽く声をかけられた（『朝日新聞』西部本社版五月一四日）。

人気は凄まじかった。沿道の人出は三県あわせて計三八四万人で、一日平均約三〇万人（『西日本新聞』熊本版五月一五日）。香淳皇后の近畿三府県行啓とは比べものにならない。とくに若い女性からの歓迎が目立った。彼女たちの美智子妃ファッションへの注目も忘れてはならない。地元紙は「美智子さま初夏のモード」「美智子妃の旅行スタイル」と美智子妃の写真を並べ、服装を批評した（『熊本日日新聞』五月一五日、『西日本新聞』五月一四日）。そこには、「〔美智子妃の〕自然なおしゃれに、若い女性たちは、アラシのような拍手をおくった」などとあった。

市街地では「沿道は人、人、人の波」（『西日本新聞』熊本版五月一三日）で、群衆が夫妻の乗る車を取り囲み、動けなくなる事態が何度も起こるほどであった（『西日本新聞』五月一四日）。美智子妃は自動車の進行方向左側に座ったが、民衆は道路の左側により集まった。これほどまでに民衆を熱狂させた〝庶民性〟とはいったいどのようなことを指すのだろうか。

青年たちとの懇談会　南九州三県行啓で初めて実施された画期的な行事がある。それは、現地の青年たちとの懇談会であった。皇太子夫妻の希望により行われた。夫妻の宿舎に県当局から推薦された一〇人余の青年が集まり、率直に意見を交換する座談形式の会である。以後の夫妻の行啓では定例化していく。実施について、戸田康《とだやす》英《ひで》東宮侍従は「両殿下は年輩者にとりまかれ、青年と話す機会に恵まれないので、健全な若い人々と話合う機会を作つて欲しい」と各県当局に依頼した（宮崎県文書センター所蔵「行啓〈県内御視察〉」、簿冊番号20988）。

最初の宮崎県での懇談会（五月三日）では、ミカン栽培農家、真珠養殖の漁業者、家電販売店社員、保母ら一一人が集まった。年齢は一九歳から三〇歳（男性八人、女性三人）。出席者がまず「作付《さくづ》け体系の近代化」「青少年グループ活動」など、地域の問題について発表し、その後夫妻が質問する形で懇談が進んだ。当初一時間半の予定が二時間に延長となるほど場は盛り上がった（宮崎県編、一九六三）。同様な懇談会は、鹿児島県（五月七日）、熊本県（五月一二日）でも実施された。

ストレートな発言　懇談会で美智子妃は活発な発言を行った。目立ったのは、働く女性、とくに三県では農業人口が多いため農家の女性についての発言である。「農村生活では収入支出がはっきりわからないのではありませんか。主婦の経済生活上の基盤といったものはどこにおいていますか」（『鹿児島新報』五月八日）、「農家の家計簿の一本化はむずかしいでしょうね」（『毎日新聞』熊本版五月一四日）。これらは、農村の大家族のなかでは世帯全体の家計管理を若い主婦がしにくいという文脈のなかの発言だ。

農業そのものについてもつぎのような質問があった。「脂肪層が薄いか厚いかで、上肉は決まるのですか。それは飼料によるのですか」（『女性自身』一九六二年五月二一日号）、「乾田《かんでん》じきまき栽培は熊本県では普及していますか。田植えがなくなれば、労働が楽になるでしょうが」（『熊本日日新聞』五月一三日夕刊）。後述するように、夫妻はかなり勉強して行啓に臨んでいた。リベラルな生活心情を隠さず述べ、周囲を驚かせたこともある。「鹿児島は封建性が強いところだと聞かされ、殿下とはいっしょに歩けないかと思いましたが、来て見てそれが間違いだったとわかり安心しました」という発言である（『南日本新聞』五月八日）。

懇談会は、国民の暮らしを直に知りたいとの趣旨から行われた。報道陣は締め出されたが、夫妻の発言内容は出席者による直後の記者会見で知られていくのである。

ストレートな発言は青年たちとの懇談の場だけではなかった。「ヤギ乳は脂肪分が多くて赤ちゃんにはよくないのでは」（宮崎県高等営農研修所で生活改善運動のなかでヤギ乳を乳児に飲ませるとの説明に対して。『宮崎日日新聞』五月四日）、「アンモニアのにおいが強いようですが、からだに影響はありませんか」（延岡の旭化成工場で。同前五月三日）、「県から年間何人ぐらいの女性が県外に転出していますか。またどの県に行きますか」（鹿児島県知事に対して。『鹿児島新報』五月七日）。育児、労働環境、人口流出について、行政の施策に疑問を投げかけるような内容である。こうした鋭い質問攻勢について新聞は、「知事もタジタジ」（『毎日新聞』鹿児島版五月八日）と報じた。

勉強する皇太子妃　新聞はまた、夫妻が旅行に備え相当な準備をして臨んだと書きたてた。勉強する皇太子夫妻像は、宮内庁が人びとにみせたいイメージであった。各所で郷土芸能をみせようとする各県当局に対し、戸田東宮侍従は「国内勉強のための訪問がゆがめられて物見遊山《ものみゆさん》旅行のように国民に誤解される」と意見を述べたことからもそれは分かる（熊本県県政情報文書課所蔵「行啓関係（昭和四一年度）」識別番号2012A00055）。

また美智子妃のふるまいは、弱者へのいたわりを感じさせると報じられた。松葉杖をついた少年が、皇太子夫妻に手を振った瞬間に杖が倒れ、美智子妃がかけ寄るように戻り杖を拾ったこと（『宮崎日日新聞』五月九日）や、奉迎者のなかに視覚障がいの校長がいるのをみつけ、手を握った（『朝日新聞』西部本社版五月三日）などのアドリブのエピソードである。

発言をみても、行動をみても、美智子妃は、形式的であった香淳皇后とは違い、自らの思いを込めていたようにみえる。発言も積極的であった。女性、農家の暮らし、子育てなどはっきりと関心のある分野があり、芯の通った発言をしていた。行動においても、民衆のなかへ入っていくという強い意志がうかがえる。先に荒垣秀雄が香淳皇后に対し「色んな人種と膝つき合わせて話」すべきだと批判したことを紹介した。美智子妃は、人びとと膝つき合わせて対話する新しい女性皇族像を演じられる女性だった。この節冒頭でみた〝庶民性〟とは、人びとに近づこうとする美智子妃の行動と発言に裏打ちされていたのである。

期待はずれ　ところが、新聞記事を仔細に読んでみると、美智子妃を公務へと追い立てる宮内庁への批判や、美智子妃に対する「飽き」の意識もうかがえる。

鹿児島市の三四歳の主婦は、スケジュールが分単位と多忙であり、旅行中一日でも買い物ができる日があればと、美智子妃の苦労を思いやった。そして、まだ二歳の浩宮《ひろのみや》（徳仁《なるひと》親王）と離れて公務を行う美智子妃のことを考えない宮内庁を遠まわしに批判し、「ご旅行も親子三人ごいっしょにとわたしは思う」とつづけた（『西日本新聞』鹿児島版五月八日）。また、皇太子夫妻の車を先導する警備の先駆車がオープンカーなのに、夫妻の車が普通の乗用車であることに対し、「よく見えない」との不満の声もあった（三八歳女性の声。『宮崎日日新聞』五月四日）。夫妻は民衆と「親しもう」としているのに周囲がそれを理解していないという批判である。

青年との懇談会にしても、方言を使わないように、失礼なことを言わないようにと注意を受けたことが報じられる。また、宿泊地近くのキャバレーやクラブが営業自粛を要請されるなど、地域の「ありのまま」をみせたわけではないことが指摘された（前掲『女性自身』一九六二年五月二一日号）。

美智子妃の服装は黒やグレーが基本で、アクセサリーも地味であった。東京から取材に来た週刊誌カメラマンは「どうにも絵にならない」とぼやいていたという（『宮崎日日新聞』五月九日）。地元紙も、美智子妃の服装が「外国仕込みのトップ・モード」という期待とは異なっていたとさりげなく皮肉る（『熊本日日新聞』五月一五日）。ミッチーブームから四年がたち、地方においてもその人気は称賛一辺倒の単純なものではなく、憧れの意識は薄れていく兆候があった。

四　美智子妃と高度経済成長

戦後世代　美智子妃への若い世代の熱狂の背景には世代間断絶がある。一九五八（昭和三三）年、正田美智子が皇太子妃となることが発表されると、もっとも熱狂したのは、新しいカップルと同世代の若者であった。『週刊明星』（一九五八年一二月一四日号）は「私たちの学校でも、昼休みテレビのまえで大さわぎ。みんなキャッ、キャッいってたわ」などと、女子高生の興奮を紹介した。敗戦時に小学校六年と五年生であった明仁皇太子（一九三三年生まれ）と美智子妃（三四年生まれ）の世代は、青春期以降に戦争を経験したそれ以前の世代（戦中派）とは断絶がある。戦後の民主的な雰囲気のなかで近代的自己主張を巧みに身につけた世代である。さらに、青年向け大衆雑誌『平凡』『明星』の映画や恋愛に関する記事をさかんに読んだその下の世代とも意識が共通する。さきにあげた鹿児島での懇談会で出席者のひとりである大学生（四〇年生まれ）は「私たちは戦後ッ子で戦争の経験もない、戦前の人がもっている天皇に対する意識とは異なった意識をもっている」（『毎日新聞』西部本社版一九六二年五月八日）と述べたが、戦後民主主義、新憲法に対する所与の意識が「戦前の人」とは異なったのである。若者には、恋愛結婚を前向きに捉える意識があり、保守的と考えられていた皇室に新しい風が吹いたことを歓迎した。

婚約発表直前、京都のある新興新聞は報道協定を無視して、婚約を「スクープ」したが、紙面は若者たちの声を特集している。そこには「僕たちと同じ世代の皇太子が庶民から〝嫁〟をもらったことは今後の若い世代に良い意味で大きな影響をあたえるでしょう」（男子大学生）、「皇太子が今度平民出身のベターハーフを迎えられるとは、これ迄のしきたりを越え愛情で結ばれたと思われ、お喜びにたえません」（女子大学生）などとあった（『京都日出新聞』一九五八年一一月一四日）。「平民」からの皇室入りと、しきたりを破った「恋愛」が大きなインパクトをもっていたことが分かる。

新生活運動との関係　ミッチーブームに関連して、もう一つ指摘しなければならないのは、「新生活運動」との関係である。新生活運動とは、民族の独立、経済の合理化、生活改善を目指した幅広い運動であり、この時期は「新生活運動協会」が主導していた。農村レベルでは、台所の改良、共同購入の推進など地域の実情に応じてさまざまに展開していた。そのなかの一つに、結婚は親や家が主導するのでなく、当人同士の意思によるべきだとする結婚改善、あるいは簡素な結婚式を実施しようという結婚式改善の動きがある。各地の公民館報や新聞記事を読むと、結婚改善の理想を「御成婚」と重ね合わせる文章としばしば出会う。たとえば、長野県の『小諸公民館報』（一〇七号、一九五八）には、二四歳男性青年団員によるつぎのような文章があった。

私たち農村での結婚はどうか、憲法では「二人の合意によって婚姻は成立する」とあるがいざ結婚になると、当人の意志はさておきまず第一に家柄がどうのこうの、いうならば家と家との結婚だともいえるものも多く行なわれている。皇太子の婚約によって、こうした封建的考えの方も、めざめることと思われます。未婚の若人よ皇太子につづこう。

新しい日本の象徴としての皇太子結婚が、「私たち」の目指す新生活と同じと考える感覚があった。

さらに、見合い結婚と恋愛結婚の比率が逆転しつつあったこの時代、皇太子の「恋愛」は若者に希望を与えた。一九五五～五九年は見合い結婚五四・〇パーセントに対し、恋愛結婚は三六・二パーセントであったが、六五～六九年にはお見合い四四・九パーセント、恋愛四八・七パーセントと逆転する。若い世代は二人に自分たちの恋愛を重ね合わせることができた（森暢平、二〇一三）。

合理的な生活を目指す生活改善は、当時の日本、とくに農村部では重要な運動であり、皇太子夫妻の夫婦のあり方はそれを体現していた。南九州三県行啓で、美智子妃は農村の家計管理や育児について積極的な発言を行っていたが、農村における新生活運動が背景にあったのである。

ブームの終焉　美智子妃に対する熱狂はしかし、徐々に薄らいでいく（森暢平、二〇一三）。結婚後、姑である香淳皇后との関係で美智子妃は疲弊するとともに、その自由が制限され、体重減少が伝えられた。公務の忙しさ、育児との両立の難しさ、何事も手を抜かない真面目な性格が影響したとされる。そして、一九六三年三月、美智子妃は、身ごもった第二子を流産し、翌月から長期療養に入ってしまう。葉山御用邸、ついで軽井沢に転地することになる。美智子妃の現実に人びとは失望していく。しかし、彼女への関心が薄れたのは、彼女をめぐる環境だけが原因ではない。

経済が右肩あがりの時代のなかで、民衆が美智子妃にみようとしたものは、豊かさへの憧憬、合理化、近代化した新生活であった。それはたとえば、新しく建設された新居（東宮御所）に新設されたキッチンへの憧れであった。人びとはまた、皇太子が運転する乗用車の助手席に美智子妃が乗る姿を憧憬した。ところが、急速な経済成長によって、憧れていた美智子妃の暮らしは、人びとの手の届かない夢ではなくなっていく。マイカー、団地での新しい暮らしが当たり前となる。逆に美智子妃の生活は、皇居のなかでいわば幽閉され、自由がなく、病気になってしまう息苦しいほどの暮らしと受け止められるようになる。

女性週刊誌はそれでも美智子妃の姿を伝えつづけた。しかし、その伝え方は、美智子妃の苦労をあからさまには書かないなど、どこか形式化していく。東京オリンピックでわく高度経済成長期の日本は、皇室の民主化と、人間化への希望を背負って皇室入りした美智子妃への期待を忘れていくのである。豊かになった人びとの間では、民族、皇室のような公的関心事への注目が薄れ、自分たち自身の私生活が重視されていくのである。

おわりに

香淳皇后と美智子妃はともにそのおしゃれやファッションが注目され、弱者との近さが期待された。ともに肉声が求められ、それに応えていく。しかし、明治生まれの香淳皇后には妻は夫を支えるという古い規範意識が強くあり、自分の考えを積極的に述べようとはしなかった。一方の美智子妃には戦後新憲法に対する意識があり、女性皇族自身が自らの考えを示すことの重要性を知り、実際に発言し、行動した。二人の連続と断絶である。

香淳皇后はある時期まで、敗戦からの復興をともに成し遂げてきたと考える民衆からの共感を得ていた。ところが、経済成長が本格化するとこの共感は過去のものとなってしまう。一方、美智子妃は新しい日本を担う若い世代からの憧憬と新生活への期待を背負って登場し、熱狂的なブームを生み出す。それは、それまでの皇室と彼女との連続性を忘れさせるほどの画期的なものであった。ところが、経済成長は予想を超えて急速に進み、彼女もまた飽きられていく。

国家が政治的、経済的に周縁化された状況でナショナリズムは蔓延する。香淳皇后が一定の支持を受けたのには、こうした時代背景がある。美智子妃の登場したときもまだ、新生活運動のような民族の道義を追求する運動が影響力をもっていた。しかし、豊かな暮らしは、人びとに民族意識を忘れさせる。農村と都市の差異が縮小し、新中間層が「豊かな家庭」を実現させていくと、人びとの皇室への関心は薄れていった。

二一世紀に入り、美智子皇后への関心はふたたび強まっている。それは、近年のこの国で不況、自然災害、格差拡大などの社会不安が広がり、人びとが、確実に信じられるものを皇室に求めているからかもしれない。そのこととナショナリズムとの関連は興味あるテーマであるが、また別の機会に論じることにしたい。

コラム　ウェディングドレス

青木　淳子

明治から平成にかけての皇后たち、昭憲皇太后（美子《はるこ》）、貞明皇后（節子《さだこ》）、香淳皇后（良子《ながこ》）、美智子皇后、の四人、そして次代の皇后である雅子妃は、どのようなウェディングドレスを着用したのか？　そこにはどんな意味があるのか？　をこのコラムでは探っていきたい。

皇室におけるウェディングドレスとは？　一般にいわれるウェディングドレスとはそもそも、婚礼のさいに着用される洋装である。しかし、天皇家の正式な婚礼の儀式は現在もなお、賢所《かしこどころ》といわれる場所で、賢所大前《かしこどころおおまえ》の儀式として平安時代から続く装束を着用して行なわれてきた。しかし、その後の朝見《ちょうけん》の儀《ぎ》という儀式において白いドレスが着用された。ゆえに、これからみていく皇后の「ウェディングドレス」は、婚儀に連なる一連の儀式で着用された洋風のドレスと定義する。

初めてのウェディングドレス　皇后で最初にウェディングドレスを着用したのは、大正天皇の后である節子妃である。節子妃が皇太子嘉仁《よしひと》親王に嫁いだのは一九〇〇（明治三三）年五月であった。節子妃の白いローブ・デコルテ姿の肖像写真が、大正の天皇・皇后の「御真影」として『皇室皇族聖鑑　明治篇』（帝国通信社、一九三三）に掲載されている。胸元がスクエアカットに開いた洋装のドレス姿。身頃はフリルやタックがたっぷりととられ、パールのような宝飾品で飾られ、袖部分はレースで半袖のようになっている。スカートは地厚のシルクで

図20　節子妃（1905年に撮影.『皇室皇族聖鑑　明治篇』帝国通信社，1933年）

図21　良子妃（『婦人画報増刊　皇族画報』東京社，1924年）

唐草調の地紋がある。肩から宝冠章《ほうかんしょう》の大綬をかけ、左胸に副章を佩用《はいよう》している。首にぴったりとした小粒の宝石の三連のチョーカーと、三連のネックレスを着けている。肌が隠れてしまうほどの長手袋をし、手首にはブレスレットを着用している。いわゆるポンパドゥールという庇髪《ひさしがみ》の頭頂部には燦然《さんぜん》とダイアモンドのティアラが輝いている。

良子妃のアール・デコ調　良子妃が当時の摂政宮であった皇太子裕仁《ひろひと》親王に嫁いだのは一九二四（大正一三）年一月二六日。当時の雑誌『皇族画報　摂政宮殿下御成婚記念』（東京社、一九二四）にはドレス姿の良子妃の写真が掲載されている。やはり胸元はスクエアにあき、ドレスの素材は軽やかなレースで、上半身がゆったりしたデザインは、一九二〇年代のアール・デコの影響を受けたものである。大ぶりのティアラが燦然と輝き、首元にはティアラとお揃いのモチーフのネックレスを着用している。宝冠章の大綬、副章を佩用して

図22　美智子妃（宮内庁撮影／毎日新聞社提供）

図23　雅子妃（宮内庁撮影／毎日新聞社提供）

いる。長手袋にブレスレット、と節子妃とまったく同じ装いである。

美智子妃・ディオールデザイン　一九五九（昭和三四）年四月、皇太子明仁親王と美智子妃の婚儀が行われた。美智子妃は、クリスチャン・ディオールデザインのノースリーブの本格的なローブ・デコルテを着用している。素材は西陣織の明暉瑞鳥錦《めいきずいちようにしき》である（『美智子さま品のある素敵な装い五八年の軌跡』宝島社、二〇一七）。上半身は身体にぴったりとして、スカート部分は拡がっており前のリボンがアクセントになったAラインを基本としたドレスである。Aラインは成婚前に美智子妃が着用してミッチーブームになったドレスの型でもある。宝冠章大綬章、副章、ティアラ、ネックレス、ブレスレットと、これまでの皇太子妃と同様の装いである。手には閉じた扇を持っている。

華やかな半袖ジャケット着用の雅子妃　そして最後に、次期皇后となるであろう雅子妃のウェディングドレスについてもみることとする。一九九三（平成五）年六月皇太子徳仁親王と雅子妃の婚儀が行われた。美智子妃と同様、ノースリーブの本格的ローブ・デコルテである。デザインは森英恵《もりはなえ》であった。ティアラ、お揃いのネックレス、宝冠章綬章、副章を佩用し、長手袋にブレスレット、手には閉じた扇。パレードの時には首元に花びらのようなフリルをあしらった華やかな半袖のジャケットを着用し、手提げ式バッグを持っていた。

婚儀にみる伝統と皇太子妃に求められる新しさ　こうして歴代の皇太子妃のウェディングドレスをみていくと、そこに天皇家の伝統を保持する姿勢と、その中で、皇太子に求められる新しさが同居していることが判る。まず守られている伝統とは勲章、ティアラ、ローブ・デコルテの三点である。もちろんこの他に細かくみていくと、ティアラとお揃いのネックレス、長手袋にブレスレットも必須である。この装いの源流が、実は一八八九(明治二二)年に撮影された明治天皇の皇后、美子妃(昭憲皇太后)の洋装の御真影(第一章、図2)にある。

明治維新以降、日本が西洋の列強諸国と互角になるためにさまざまな改革を行った。この時海外の王室に外交儀礼として交換する写真「御真影」を撮影するにあたり美子妃が洋装を着用したのは、一八八六(明治一九)年宮内大臣達によって宮中での女子の正装が洋装と規定されたことによる(青木淳子、二〇一七)。そこでの美子皇后はローブ・デコルテを着用、宝冠章を佩用し、ティアラを頂いている。首元にはティアラとお揃いのネックレス、長手袋にブレスレットである。日本の近代の黎明であった明治期の美子妃の初めての洋装から、平成の皇太子妃までの一〇四年、「宮中での女子の正装」が婚儀という形で継承されている。しかしまた、それぞれを細かくみていくと、ローブ・デコルテのデザインがその時代に則したものであったり、皇太子妃自身の個性を大切にしたものであったりもする。そこに新たに天皇家に入る女性に対する周囲の期待や本人の意思を読み取ることもできる。

ところで一般のウェディングドレスといえば、通常ヴェールを伴う。日本の天皇家とも親交のある英王室のウェディングでは、ダイアナ妃、キャサリン妃も長く繊細なヴェールを着用した。ちなみに英王室で初めてウェディングヴェールを着用したのは、ヴィクトリア女王である（坂井妙子、一九九七）。それ以降、一般の人々にヴェールが大人気となったという。日本でもこれに似た現象がある。昭和時代、一般の間では着物の花嫁姿が一般的であったが、美智子妃の婚儀の後、ウェディングドレスが結婚式で多くの花嫁に着用されたといわれている。その時代、「美智子妃がウェディングドレスを着用したこと」が、宮中では大正期から行われていたことであったにもかかわらず、一般の人々に憧れられ、新鮮に受け止められた。

皇室のウェディングドレスには、皇太子妃という存在に求められる「伝統と新しさ」が混在しているといえるだろう。

〔香淳皇后・美智子妃　一九六〇頃〜一九八八〕

第七章　高度経済成長期の香淳皇后と美智子妃

舟橋正真

はじめに

一九五〇年代後半、日本は「政治の季節」であった。一九五八（昭和三三）年から五九年にかけた明仁皇太子ご成婚を契機とした「ミッチー・ブーム」に国内は湧いたが、その後、岸信介《きしのぶすけ》内閣が推進した安保条約改定に対し、激しい反対闘争が巻き起こることとなった。いわゆる「六〇年安保」である。岸内閣は安保改定を果たすものの退陣を余儀なくされ、次の池田勇人《いけだはやと》内閣は「寛容と忍耐」をスローガンに経済優先の路線へ政策を転換した。六〇年以降、日本は「政治の季節」から「経済の季節」へと移っていく。六四年の東京オリンピックの成功は、日本の戦後復興を全世界に印象づけるものであった。そして佐藤栄作《さとうえいさく》内閣が池田の路線を踏襲するなか、高度経済成長絶頂の七〇年に大阪万博が開催され、日本は「経済大国」として台頭していった。

このような高度経済成長の時代、企業を中心とする社会が形成されていく。自民党政権は、企業社会による経済主義的な統治支配に転換し、そのなかで天皇制は地盤沈下していった。天皇制は国民統合のための強化の対象ではなく、単に一政権や保守政治家の利益のために利用される対象となった。それを示唆するかのように、天皇による高度成長を象徴する行事への出席や初の外遊が実施されるようになった。すなわち、天皇制は自民党政治の補完的な役割でしかなくなってしまったのである（渡辺治、一九九〇）。

では、この時代の皇后とは何であったのだろうか。本章では、「微笑《ほほえ》みの皇后」と称された香淳皇后のイメージに着目していく。皇室ジャーナリストの渡辺みどり（一九九六）は、「経済大国となった日本の高度成長、新幹線、オリンピック、万国博覧会など、平和と繁栄の昭和を目の当たりにされた良子皇太后。お揃いで初のヨーロッパ、アメリカご訪問の折、気品溢れるエンプレス・スマイルは永く人々の記憶に残された」、ノンフィクション作家の工藤美代子（二〇〇〇）は、「その晩年は、優雅な老婦人としてさらに品格が加わり、皇后の存在そのものが、皇室の尊厳を高めていた」と評しているが、こうした香淳皇后像はいかに形成され、定着していったのだろうか。それと関連して本章では、美智子妃のイメージについても着目したい。一九五〇年代後半のいわゆる「ミッチー・ブーム」により、美智子妃は大衆的な人気を博したが、それ以降の美智子妃像とはどのようなものであったのだろうか。

以下では、先行研究の成果を踏まえ、同時代の視点から高度経済成長時代の香淳皇后を検証し、美智子妃への視点も加えることで、その内実を明らかにしていきたい。

一　高度成長の時代へ

「ミッチー・ブーム」の終焉　一九六〇年代前半、皇室への関心は女性皇族、とくに「平民」出身である美智子妃に注がれた。「ミッチー・ブーム」覚めやらぬなか、六〇（昭和三五）年二月に浩宮を出産した美智子妃は、その二ヵ月後から本格的に公務に復帰していく。九月下旬には、明仁皇太子と日米修好一〇〇周年を記念してアメリカを訪問すると(九月二二日〜一〇月七日)、これを契機として皇太子夫妻の外遊は慣例化していく。一一月中旬からは、イラン・エチオピア・インド・ネパールなどアジア・アフリカ諸国を歴訪し(一一月一二日〜一二月九日)、六二年はパキスタン・インドネシア(一月二二日〜二月一〇日)とフィリピン(一一月五日〜一〇日)、六四年はメキシコ(五月一〇日〜一七日)とタイ(一二月四日〜一二日)を訪問しており、皇太子夫妻の訪米を機に「皇室外交」が本格的に始まったことがわかる(冨永望、二〇一〇)。

海外での美智子妃は人気の的となり、それを日本の週刊誌は「海外でもミッチー・ブームが起こっているかのような書きぶりで日本の読者の関心をひきつけ」たという。だが美智子妃にとってこの外遊は「お疲れ」の旅でもあった。例えば、アメリカでは「激務のなかの完璧主義があいまった結果」、貧血を起こし、一時行事を欠席し休養をとっている。この旅程の組み方に批判もあり、政府は外務省に対し、次のアジア・アフリカ諸国訪問ではゆるやかな日程を組むよう指示を出した。そのためか美智子妃に「目立った疲れはなかった」ものの、その後の外遊でも同妃には、「お疲れ」の色がみられた。一九六三年三月四日には、第二子懐妊が発表されたが、二二日に人工流産措置がとられ、美智子妃はしばらくの間療養することになった(森暢平、二〇一三)。

一九五〇年代後半、「平民」出身の美智子妃は憧憬の対象であった。それは、「ミッチー・ブーム」となって現われたが、「情報消費者である『大衆』が移り気なこと」に加え、「人々が憧憬していた『幸せな家庭』のアイテムは、すぐにありきたりなものとなり、憧れの対象ではなくな」った。そして「東京オリンピック、大阪万博にわく高度経済成長期の日本は、皇室の民主化と、皇族の人間化を背負って皇太子妃となった美智子妃への当初の期待をどんどん忘れてい」った(同前)。

なお、香淳皇后は、「平民」出身の美智子妃に対し、あまり良い感情を持っていなかったようだ。それゆえ美智子妃は、当時の侍従だった入江《いりえ》相政《すけまさ》に「皇后さまは一体どうお考えか、平民出身として以外に、自分に何か気に入らないことがあるか」と尋ねるほどであった（『入江相政日記』一九六七年一一月一三日条）。このような美智子妃が皇室内で苦労し、批判やある種のいじめを受けている状況を示唆するような記事が、先述の「お疲れ」とともに、マスメディアによってさかんに報道されるのであった（河西秀哉、二〇一七）。

図24　オリンピックを貴賓席から見物の皇太子一家（1964年10月13日，毎日新聞社）

東京オリンピック　日本が高度成長を遂げていくなか、昭和天皇が国際社会に登場し始めたが、その傍らにはかならず香淳皇后がいた。その代表例が、一九六四年の東京オリンピックと七〇年の大阪万博である。

一九五九年、オリンピックの東京開催が決定し、六四年にアジア初のオリンピックが開催されることになった。オリンピック開会直前の六四年一〇月一日には、東京と新大阪を結ぶ東海道新幹線が開業し、高度成長の波に乗って、日本は先進国の仲間入りを果たそうとしていた。

一九六四年一〇月一〇日、東京オリンピックが開催された（二四日まで）。昭和天皇と香淳皇后は、皇太子夫妻や他の皇族とともに東京・代々木の国立競技場での開会式に出席し、スタンド正面のロイヤル・ボックスで九四ヵ国の選手団の入場を観覧した。そして昭和天皇は、大会名誉総裁として「第十八回近代オリンピアードを祝い、ここにオリンピック東京大会の開会を宣言します」と開会宣言した。オリンピック旗の入場と掲揚、聖火の入場と点火、選手宣誓の後、八〇〇〇羽の鳩が放たれ、君が代斉唱の際には、航空自衛隊のジェット戦闘機によって大空に五輪のマークが描き出された（『昭和天皇実録』一九六四年一〇月一〇日条）。当初、昭和天皇はこの五輪のマークに気づかなかったようだが、香淳皇后から教えられ、「大空にはっと目を向けられ、『うん、うん』とうなずき」、香淳皇后と「顔を見合わせ」た。このエピソードにみる香淳皇后像は、まさに「控えめで内助の功そのもの」であったといえるだろう（渡辺みどり、一九九六）。

　なお、東京オリンピック前年の八月、昭和天皇は記者会見（一九六三年八月二九日）で、「各国の選手が集まって、国際親善に役立つ良い機会と期待している。日本の選手が勝つことを望むこともよいことだが、むしろ勝敗にこだわらずオリンピックの精神を生かしてベストを尽くしてもらいたい」、香淳皇后は「事情が許す限り多くの種目を見たいと思っています」とそれぞれ述べていたが（高橋紘・鈴木邦彦編著、一九八二）実際、昭和天皇夫妻は大会期間中、各競技場に何度も足を運び、バレーボールや水泳、柔道など多くの競技を観覧している。

大阪万博の開幕　高度成長の真っただなか、一九七〇年三月から九月までの半年間、大阪府・千里丘陵《せんりきゅうりょう》を会場とし「人類と進歩と調和」をテーマに掲げた日本万国博覧会、いわゆる「大阪万博」が開催された。三月一四日、昭和天皇は香淳皇后とともに大阪府吹田市の万博会場での開会式に出席し、「世界各国の協力をえて、人類の進歩と調和をテーマとする日本万国博覧会が開催されることは、まことに喜びにたえません。ここに開会を祝い、その成功を祈ります」との「お言葉」を述べた（『昭和天皇実録』一九七〇年三月一四日条）。

　この大阪万博には、六四〇〇万人を超える人々が殺到し、予想をはるかに超える盛況ぶりであった。万博会期中、昭和天皇と香淳皇后は三月、七月、八月と計三回会場を訪問し、各国のパビリオンを見学した。七月一四日には、アメリカ館を訪れ、前年にアメリカの宇宙船アポロ一一号が月面着陸し持ち帰った「月の石」を見学するなど、宇宙開発に興味を示した（『朝日新聞』一九七〇年七月一四日夕刊）。八月一七日には、国連館を訪れ、朝日電送新聞の展示を見学している。受信機がまわり始め、同日のインド館訪問時の写真が掲載された紙面が出てくると、香淳皇后は「もうでたのですか」と驚きをみせ、昭和天皇と顔を見合わせ笑ったという（同、一九七〇年八月一八日）。

この間、大阪万博に際し、各国から王族や元首などが多数来日した。万博開会以降、昭和天皇と香淳皇后は、連日のように各国要人たちと会見し、次いで宮中午餐《ごさん》・晩餐《ばんさん》で接遇している。当時、宮内庁式部官長だった島重《しましげ》信《のぶ》によれば、「宮中の宴会はふつうは月に一回か二回で」あったが、「このころは一週間に五日間も続いたことがあり」、「一日に二回から三回ということもあ」ったという。なお、万博に出席した各国の元首からは、その後、訪問の要請が届けられ、それが史上初の天皇皇后外遊の実現へと結実していくのであった（保阪正康、二〇〇八）。

二　ヨーロッパ訪問

天皇皇后外遊の実現へ　戦後、天皇皇后の外遊は前例のないことであった。そこには、天皇が不在中の国事行為を代行する法律がないとの問題があった。独立講和後、各国元首の訪日が相次ぐなか、一九六〇（昭和三五）年より明仁皇太子が天皇の名代として答礼訪問を始めた。そうしたなか、天皇外遊の可能性を求める国会論議を契機とし、六四年五月に「国事行為の臨時代行に関する法律」が制定され、天皇外遊は事実上可能となった（舟橋正真、二〇一五)。

しかしながら、天皇皇后の外遊はなかなか実現することはなかった。昭和天皇は一九六六年八月三〇日の記者会見で、「私は行きたいと思っていることはもちろんです。しかし、内外の事情を考えると、大変むずかしいことだと思っています」と慎重に語り、香淳皇后も「それはね。むずかしそうね」と付言している(高橋紘・鈴木邦彦編著、一九八二)。高松宮妃喜久子《きくこ》によれば、昭和天皇は香淳皇后と一緒に外国へ行きたいとの思いがあり、香淳皇后も「私は一度も外国へ行ったことがないのよ。君さんたちはみんな外国へ行けて羨しい」と漏らすこともあったようだ(『菊と葵のものがたり』中央公論社、一九九八)。

昭和天皇と香淳皇后の外遊は、大阪万博の前年頃から政府内で極秘裏に検討され始めたが、初の外遊として訪欧計画を主導したのが佐藤栄作首相であった。佐藤長期政権下の昭和天皇と首相の間には、いわゆる「君臣関係」が形成されていた(後藤致人、二〇〇三)。それゆえ「臣栄作」の佐藤は、「皇后はまだヨーロッパを見たことがないのだ」と事あるごとに話す昭和天皇の「ご希望を叶えてあげたい」との尊崇心から計画を強く推進したのであった(楠田實編、一九八三)。

その後、昭和天皇と香淳皇后の訪欧は一九七〇年一〇月頃に「内定」し、イギリスを始めとする訪問国との極秘交渉をへて、翌年二月二三日に正式発表となった(舟橋正真、二〇一五)。この発表を受け、昭和天皇は「非常にうれしい。渡欧すれば、親善の実をあげるようつとめたい」と抱負を語ったが、初めての外遊となる香淳皇后は「ご渡欧にはからずもお供できることになって非常にうれしく思います」と話したと伝えられた(『朝日新聞』一九七一年二月二四日)。

「センチメンタルジャーニー」　昭和天皇と香淳皇后初の外遊は、一九七一年秋のヨーロッパ七ヵ国(デンマーク、ベルギー、フランス、イギリス、オランダ、スイス、西ドイツ）への親善訪問として実現した（九月二七日～一〇月一四日）。この訪欧は、昭和天皇にとって皇太子時代から五〇年目の旅、香淳皇后にとっては初の海外への旅ということもあり、「センチメンタルジャーニー（感傷旅行）」と呼ばれた。日本の新聞は、今度のご訪欧スケジュールのなかには、皇后さまのためにとくに立てられたものがずいぶんある」とし、「陛下にとってヨーロッパの旅は、五十年目の思い出をたどる旅であると同時に、皇后さまのためと思っておられるような気がする」と好意的に報じている（『毎日新聞』一九七一年一〇月七日夕刊）。

だが、ヨーロッパではそうした日本側の認識はまったく通用しなかった。それは、むしろ第二次世界大戦の記憶を呼び起こし、戦前の国家元首であり大元帥であった昭和天皇の戦争責任を問う抗議行動となって表面化したのであった。例えば、イギリスでは、昭和天皇が王立植物園に植樹した苗を切り倒し、根元に塩酸をかけるいやがらせが起こり、オランダでは、昭和天皇の車にガラス瓶が投げつけられ、天皇皇后に怪我はなかったもののフロントガラスにひびが入る事件が発生した（舟橋正真、二〇一五）。

図25　バッキンガム宮殿に向かう昭和天皇（1971年10月5日，毎日新聞社）

それとは対照的に、初外遊の香淳皇后は、その笑顔がヨーロッパの人々に注目され、人気の的となった。ベルギーの地元紙は「ヨーロッパに日本の皇室があったら皇后さまは間違いなく社交界の花形になられたろう」（『毎日新聞』一九七一年一〇月七日夕刊）と称賛し、イギリスのＢＢＣ放送は、「まるでニコニコしているグランマ（おばあさん）みたいだ」（『朝日新聞』一九七一年一〇月六日）と親愛を込めて呼んだ。このような人気ぶりについて皇室ジャーナリストの河原敏明（二〇〇〇）は、「大戦の後遺症のなかで、新聞やテレビに映し出される良子皇后」の笑顔は「行く先々の人々の心をなごませた」とし、「緊張気味だった陛下に対して良子さまは、むしろ悠揚《ゆうよう》とした貫禄さえあった」と高く評価している。

当の香淳皇后は、出発前の記者会見（一九七一年九月二〇日）で、「この年ではじめての海外旅行ですから心配していますす」と不安を漏らすものの、「出来る限り国際親善につとめ、多くのものを見てきたいと思います」と抱負を述べ、訪欧を待ち望んでいた（『読売新聞』一九七一年九月二六日）。その期待感は、出発後に詠んだ次の歌からも読み取ることができる。「オーロラを　空より見つつ　外国の　旅にある身の　こころときめく」（渡辺みどり、一九九六）。実際に香淳皇后は、訪問中は楽しげであり、伸び伸びとした様子であった。例えば、ベルギーでは、ブリュッセルのグラン・プラスをお忍びで散策し、名物「小便小僧」を見学するほか、レース編み人形など土産物のショッピングを楽しんでいた（『読売新聞』一九七一年一〇月四日）。それゆえ、香淳皇后は帰国後の記者会見（一九七一年一一月一六日）で、「大変いい時期に陛下のお供ができ、うれしく思いました」との感想を述べており、七四年の金婚式に際しての記者会見でも「いちばん楽しかった思い出は何でしょうか」との質問に対し、「やはりヨーロッパにお供できたことですね」と答えている（高橋紘・鈴木邦彦編著、一九八二）。

三　「魔女」追放問題

訪欧随行問題　ヨーロッパ各国でその微笑みを披露し、初めての外遊を楽しんだ香淳皇后であったが、実はこの訪欧を前にして、自身の外遊が取りやめになり得る事態が発生していた。それは、女官・今城《いまき》誼子《よしこ》の訪欧随行をめぐってであった。今城とは、一九二九年に当時の皇太后宮職の女官として宮中に入り、五一年の貞明皇后の死去後は香淳皇后に仕えた人物である。入江侍従長によれば、今城女官の「神がかりは有名」で「何らかの神がかった状態に陥っていた」ようだ（原武史、二〇〇八）。入江は、こうした今城に香淳皇后が大きな影響を受けてしまっているとみていた。

さて、随行問題は、訪欧発表後の一九七一年二月二七日、香淳皇后が、訪欧の「お供は〔北白川《きたしらかわ》祥子《さちこ》〕女官長、武者〔小路不二子御用掛〕、□□〔今城女官〕、市村〔菊重女官〕、久保〔八重子〕女嬬」にしたいと要望したことに始まった（『入江相政日記』一九七一年二月二七日条）。四月二日に入江と徳川《とくがわ》義寛《よしひろ》侍従次長は、香淳皇后に対し随員についての説明を行ったが、女官の随行は市村女官一名のみで、香淳皇后の希望する今城を外す旨を伝えるものであったと思われる。これに対し香淳皇后は、「御機嫌わるくどうして□□〔今城〕はいけないかなど」不満を示したが、入江らの説明に「そんなら仕方ない」と述べている。実のところ、先の説明は、昭和天皇の許しを得たものであり、入江が「皇后さまに申上げたことをすつかり申し上げる」と、昭和天皇は香淳皇后が納得したことに「それならよかつた」と安堵したという（同、一九七一年四月二日、三日条）。

だが、香淳皇后はあきらめていなかった。四月五日、香淳皇后は入江に対し、「□□〔今城〕をつれて行く、もし行かなければ私はヨーロッパはやめる」とまで言い、「□□（今城）がわるくないといふことは必ず分る」と擁護したが、入江は「悪いといふことは必ずそのうちお分りになる」と反論した。こうした現状に対し、宮内庁幹部たちは「『そんならヨーロツパはおやめに願はう』と申上げようといふことにな」ったが（同、一九七一年四月五日条）、昭和天皇も「そんなに言ふことをきかなければやめちまえとまで仰せになつた」ようだ（同、一九七一年四月九日条）。だが翌日になると、入江に「魔女のこと早くいへといつたが必ずしもさうではないと思ふのでそのことを言はうと思つた」（同、一九七一年四月一〇日条）と若干軟化したが、先の「やめちまえ」との昭和天皇の発言は異例のことであった。そして同日、入江は香淳皇后に対し、「今度の御旅行はお上なので皇后さまはそのお供、おやめになりたいなら仕方ない、たゞ理由としてはすつかりすつぱぬくほかない、もうい、加減におやめになつたらと申上げ」ている（同前）。

「魔女」の追放　その後も香淳皇后の抵抗は続いた。四月一三日には、島重信式部官長に「女官を二人つれていつては行けないか」と聞くに止まらず、その翌日にも、高松宮妃喜久子に電話で「女官長を代へたいからい、人を見つけるやうに」と伝えた（同、一九七一年四月一三日、二三日条）。この経緯を聞いた入江は、「魔女の最後のわるあがき」と捉えたが（同、一九七一年四月二三日条）、そうしたなかで二四日に「ヴァイニング事件」が発生した。この事件の内容は不明だが、そこに今城が関わっていた可能性が高く、入江と徳川は、二六日に「末期の症状であるし、かういふことが起つたのは非常によかつたと話し合」っている（同、一九七一年四月二六日条）。そしてその翌日、入江が「その後の魔女事件の経過につき御報告申上げる」と、事態を重くみた昭和天皇は早速、「魔女を去らしめることを早くやれ」と指示することとなった（同、一九七一年四月二七日条）。

いっぽう、香淳皇后は四月二七日、宇佐美毅《うさみたけし》宮内庁長官を呼び、「女官長をかへてくれ」と要望した（同前）。

三〇日には、「徳川〔侍従次長〕と松平〔潔侍従〕をやめろ、尤《もつと》も外国のお供さへしなければ置いておいてもよし」と述べたが、宇佐美が「みんな□□〔今城〕にからんだことのやうに思はれます」と伝えると、香淳皇后は「ガツクリとおなり」になった（同、一九七一年四月三〇日条）。宇佐美は五月四日、昭和天皇に拝謁し「魔女のこと〔を〕みんな申上げ」、「ヨーロッパのお供からは完全にはづれたのであとはしばらくしてから罷免《ひめん》といふこと」を報告している（同、一九七一年五月四日条）。

六月一〇日、入江は、昭和天皇と香淳皇后に「御外遊の供奉員について申し上げ」たが、このとき皇后は、「魔女は勿論《もちろん》入つてゐないし、女官長を、侍従次長を、松平をと罷免まで仰せになつたのがそのま、入つてゐるのを御覧になり乍《なが》ら何とも仰せられず」、むしろ「大変御機嫌だつた」という（同、一九七一年六月一〇日条）。以上からは、香淳皇后が今城の随行を断念したことがうかがえる。工藤美代子（二〇〇〇）は、「今城女官にこれ以上執着すれば、天皇に何らかの形で不快な思いをさせるかもしれないと案じた」と香淳皇后の真意を考察しているが、先の昭和天皇の「決断」が大きく影響したことは間違いないだろう。

そして六月一六日、入江と徳川は、香淳皇后に今城の罷免を伝えた。それに対し皇后は、「なんの御抵抗もなく御承知にな」り（『入江相政日記』一九七一年六月一六日条）、「お供がいけないといふのに置いておけないといふ理由で罷免」を許した（同、〔一九七一〕年末所感）。工藤美代子（二〇〇〇）は、「皇后は悩んだが、今城にあまりにも人望がないので、あきらめざるを得なかったのだろう」と推測している。だがその裏では、今城に手紙をしたため、「この度は御上にざんげんする者あり残念なことですが退職させる様な事になりましたが良き時期に再任します」（河原敏明、二〇〇〇）との意向を伝えていた。

このように香淳皇后は、最後まで今城を厚く信任したわけだが、その今城がふたたび宮中に戻ることはなかった。なお、「追放」の決まった今城は、七月二九日に宮中を去り、昭和天皇をも巻き込んだ騒動はここに収束したのであった。

四　アメリカ訪問

天皇皇后訪米問題　訪欧の次は、初の訪米が計画された。この訪米は、一九七一（昭和四六）年の訪欧途中に立ち寄ったアラスカのアンカレジでの昭和天皇とアメリカのリチャード・ニクソン大統領の会見を機に動き出すが、日本側には、ニクソン・ショックを契機とした日米関係の悪化を昭和天皇と香淳皇后の訪米で好転させたい思惑があった。宮内庁は、そうした政治利用によって天皇の権威が揺らぐことを恐れ、訪米に慎重であったが（渡辺治、一九九〇、舟橋正真、二〇一三）、そこにはもう一つの懸念材料が存在した。香淳皇后の健康問題である。『入江相政日記』によれば、香淳皇后は訪欧の頃から認知症の症状が現れ、翌年には「ひどいことになつておしまひになつたらし」く、「〔北白川〕女官長などはアメリカなんかたうてい駄目」と判断していたという。入江は、皇后の健康が「目下の最大の悩みである」とし、「長年魔女におどされつゞけていらつしやつたことから来るお気落ちとでもいふものか」と捉えていた（〔一九七二〕年末所感）。

こうしたなか、政府は一九七三年秋の訪米を積極的に推進した。それを主導したのが田中角栄《たなかかくえい》首相であった。田中は自身の政治目的のために天皇皇后の訪米を利用しようと考えたが、そうした姿勢は野党の強い反発を招いてしまった。田中は、「御決定は皇室によって御判断をいただく」と表明し起死回生を狙うが、反対の声が止むことはなく、決定に持ち込む状況にはなかった。日米関係の改善に寄与したい昭和天皇もこの現状を前に断念し、結果として土壇場で中止せざるを得なくなった。その後も訪米計画は幾度か持ち上がるものの、国内外の政治情勢がそれを許さず、三木《みき》武夫《たけお》内閣成立後の七五年二月二八日にようやく正式発表となった（舟橋正真、二〇一三・二〇一五）。つまり訪米問題は、昭和天皇と香淳皇后に初の訪米をという「センチメンタルジャーニー」の要素はほとんどみられず、政府の政治目的達成のための政策であったといえよう。

天皇皇后初の訪米　初の訪米は、ウイリアムズバーグ、ワシントンDC、ケープ・コッド、ニューヨーク、シカゴ、ロサンゼルス、サンディエゴ、サンフランシスコ、ホノルルへの親善訪問として実現した（九月三〇日～一〇月一四日）。その第一歩は、バージニア州の古都ウイリアムズバーグであった。前日の地元紙は、「かつての戦争は、もう問題ではない。われわれは、いままで深い友情に結ばれている」（『朝日新聞』一九七五年一〇月一日）と書いたが、それを意味するかのように、「沿道の市民たちは陽気に手を振り口笛を鳴らすという、ヨーロッパではみられなかった熱狂的な歓迎ぶり」であった（河原敏明、二〇〇〇）。

訪米では、〝異例〟の対応が目立った。例えば、同地では、レディーファーストの国柄もあり、「郷に入らば郷に従え」ということで、昭和天皇は香淳皇后を先に車や馬車に乗せるなどのレディーファーストを披露したが、それは、「天皇家始まって以来のこと」であった（『毎日新聞』一九七五年一〇月一五日）。ところが、宿舎のウィリアムズバーグ・イン近くの庭園を「お忍び」で散策した際、香淳皇后は昭和天皇より常に数歩遅れて歩いたため、「天皇はどこまで〝レディーファースト〟なのか」との質問がアメリカ人記者から殺到した。これに対し随員は、「お車に乗られるときは米国の伝統に従うことになりましょう」が、「両側から別々にお乗りになるのは警備上難しいといわれているので」と答え、レディーファーストの継続を示唆した（『朝日新聞』一九七五年一〇月三日）。だが、こうした「明治生まれの日本女性らしし」さが、「逆に謙虚な女性らしさと映り、アメリカ人に好印象を与えた」ようだ（工藤美代子、二〇〇〇）。

また、香淳皇后のショッピングも〝異例〟の対応の一つだろう。香淳皇后は、銀・スズ製品の専門店「シャリー・ピューター」に来店し、昭和天皇への贈り物として、魚の古代のシンボルの入った銀のカフスボタン、ウサギを型どったリングホルダー（香淳皇后自身の干支が卯年である）など数点を購入している（『毎日新聞』一九七五年一〇月二日夕刊）。計六七ドルのショッピングに地元紙は、「良子皇后のお財布の紐は意外に固いようだ」と解説した（渡辺みどり、一九九六）。なお、店の前には、香淳皇后を一目見ようと、市民約五〇〇人が集まっており（前掲『毎日新聞』一〇月二日夕刊）、その関心の高さをうかがわせる。

そして訪米のハイライトは、やはりワシントンDC公式訪問であったといえる。昭和天皇は一〇月二日のホワイトハウス晩餐会で、「私が深く悲しみとするあの不幸な戦争（the most unfortunate war which I deeply deplore）」とスピーチし、これが事実上の〝謝罪〟としてアメリカの人々に受け入れられた。アメリカ政府も「外国元首に対して通常は行わない厚い好意」を用意し、儀礼的に天皇皇后を厚く遇する演出をみせた。それは、①大統領が天皇皇后主催の答礼晩餐会に出席すること、②天皇皇后がワシントンを離れる際、別れの挨拶のために宿舎に行くことであった（森暢平、二〇〇六）。実際、日本の新聞は「フォード大統領の、型破りともいえる好意」とさかんに書き立て（『朝日新聞』一九七五年一〇月五日など）、アメリカ側の戦略通りの反応となった。

ともあれ、以後、全米各地で昭和天皇は熱烈な歓迎を受け人気を博したが、それは香淳皇后にもいえることであった。香淳皇后は「ごく自然に、いかにも高貴の人のようにふるまって魅力的」で、「育ちの良さ」をほめる声が多く（松山幸雄、一九七五）、訪欧でもみられた香淳皇后の微笑みがふたたび注目を浴びたのであった。例えば、ワシントンDCでの市内見物の際、花束を贈呈された香淳皇后は「やさしく微笑して受け取られたが、その気品に人気が集まり」、「ワンダフル」の歓声があがったという（『朝日新聞』一九七五年一〇月四日夕刊）。随行した記者たちによれば、アメリカ国民は「あのほほえみが『とてもチャーミングだ』」とほめたといい、「エンブレス・スマイル」（皇后の微笑）という言葉ができるほどの人気ぶりであった（同、一九七五年一〇月五日）。訪米中の香淳皇后は、単独で行動することも多く、ワシントンＤＣではフリアー美術館、ケープ・コッドではサンドイッチ町のガラス博物館やフォルマス・アーティスト・ギルド館、シカゴではワイラー児童病院やシカゴ美術館を訪れ、行く先々で終始笑顔をみせたのであった。さらにロサンゼルス近郊のディズニーランドでは、パレードを見学中に四歳の男の子が天皇皇后の席に紛れ込む「ハプニング」が起きたが、香淳皇后は、指をしゃぶりながら皇后によりかかる男の子に微笑みながら、パレードを楽しんでいた（同、一九七五年一〇月九日夕刊）。

この訪米を振り返ると、日米関係の強化に寄与したことは間違いなく、そのほか「国際親善、文化交流を中心とした相互理解という点」（波多野勝、二〇一二）でも、訪米は全体として成功に終わったといえる。昭和天皇も帰国後、「相互理解を通じて国際親善の実をあげることが、いかに大切であるかを痛感しました」との所感を述べている（『読売新聞』一九七五年一〇月一五日）。そして、香淳皇后が訪米にみせた「明るい淑やか」な人柄がアメリカの人々に「好印象を与えて、日米友好の絆を強めた」ことも確かであろう（河原敏明、二〇〇〇）。香淳皇后は帰国後の記者会見（一〇月三一日）で、「どれもこれもなつかしく思うもので、どれからいってよいものか、とにかくいろいろ変わったものを見せてもらって、大変楽しく思いました」と答え（高橋紘・鈴木邦彦編著、一九八二）、初の訪米旅行を良き思い出として、率直に振り返った。しかし、昭和天皇と香淳皇后にとってこれが最後の外国への旅となってしまうのであった。

五　昭和の終焉へ

腰の大怪我　一九七七（昭和五二）年七月一七日、那須御用邸滞在中、香淳皇后は御東所《ごとうじょ》（トイレ）で転倒し、腰を打ちつけ、大怪我を負ってしまう。宮内庁は二五日、香淳皇后の容体をギックリ腰と説明し、引き続き那須御用邸で静養することを発表したが、実際は第一腰椎を圧迫骨折する重症であった。実のところ、香淳皇后が御東所を使用中、女官が付き添っておらず、発見が大幅に遅れてしまったという。宮内庁は、その責任を内外から問われることを恐れたため、事実とは異なる発表となったのであった（河原敏明、二〇〇〇）。侍医のなかには設備や人手の整った宮内庁病院での治療を勧める者もおり、昭和天皇も当初は、即座に承諾した。だが、入江侍従長の進言により前言を撤回してしまい、結果として、香淳皇后は一ヵ月半の間、那須御用邸での静養を送ることになった（杉浦昌雄「『皇后陛下の腰痛』前後」『文藝春秋』六〇巻一二号）。そのため、皇后は同年の全国戦没者追悼式を初めて欠席し、昭和天皇が一人で出席することとなった（『昭和天皇実録』一九七七年八月一五日条）。

八月八日から、香淳皇后は「コルセットのトレイニング」を始めたが、一七日には「トレイニングをえらくお怒りになり、お上の御前で女官長の背中をひどくどやしにな」り、「階段の上り降りを派手になさ」ることもあった（『入江相政日記』一九七七年八月八日一七日条）。だが症状は好転せず、帰京後の精密検査では、骨折した骨が変形したまま固まってしまい、取り返しのつかない状態になった（河原敏明、二〇〇〇）。なお、その後も香淳皇后は体調を考慮し、青森県での国民体育大会や秋の園遊会を欠席するなど度々公務を見合わせている（『昭和天皇実録』一九七七年九月三〇日、一〇月二八日条）。

それ以上に深刻となったのが、香淳皇后の認知症であった。例えば、九月一九日、香淳皇后はマレーシアのフセイン・オン首相との会見を前に、「皇后さまは御会見だけといふ」説明をしっかり受けていたにも関わらず、宮中午餐の「席割りを御覧」になり、「『どうして私は出さないのか、腹もわるくないのに』と大変御機嫌がわるかつた」という。認知症の症状を思わせる香淳皇后の様子に対し、入江は「諸事いよ〱限界を思はせられる」と日記のなかで吐露している（『入江相政日記』一九七七年九月一九日条）。

公務の軽減　翌年一月の歌会始の儀にも香淳皇后は腰痛のため出席しなかった（『昭和天皇実録』一九七八年一月一二日条）。この頃の香淳皇后は「お上の仰せ半分」だけ「分る」状態であったようで、それを昭和天皇から聞いた入江は、「皇后さまのことぞつとする」と驚愕の意を日記に記している（『入江相政日記』一九七八年一月一四日条）。実は、同時期、園田直《そのだすなお》外相が昭和天皇にサウジアラビアとクウェートへの訪問を進言していたが、宮内庁では協議の結果、「皇后さまはたうてい海外は御無理とお上も思召していらつしやるにちがひない」と意見を一致させた（同、一九七八年一月二六日条）。この外遊案には、中東外交に皇室を利用したい政府側の思惑が垣間見えるが、当時の香淳皇后の健康状態を踏まえれば、「海外は御無理」との判断が現実的な選択であったといえよう。

昭和天皇は四月一〇日、入江に「皇后さまの具合よき御引退について色々仰せ」られ、翌日にも「御引退の件」を話した（同、一九七八年四月一〇日、一一日条）。この「御引退」とは、「皇后の御公務の軽減」に関してのことで、昭和天皇は、「公表の仕方についてたびたびお話しにな」ったという（『昭和天皇実録』一九七八年四月一一日条）。一八日には、入江に「引続皇后さまのことどういふ風に発表するかの件」を話したが、公務軽減に対して「皇后さまがいろ〱おつしやる」ことを懸念し、「そればかり仰有」るほどの心配ぶりであった（『入江相政日記』一九七八年四月一八日条)。だが、二〇日に徳川侍従次長が「皇后さまに関すること」を「すつかり申上げ」ると、昭和天皇は納得したという(同、一九七八年四月二〇日条)。

そして七月一二日、昭和天皇は入江から「今後の皇后の公務への関わり方につき、宮内庁長官等との協議の結果をお聞きになり、〔香淳〕皇后の国民体育大会への行啓を取り止めること、植樹祭への行啓は継続すること、皇后の各国離任大使夫妻の御引見を取り止めることなどについて、お許しにな」った(『昭和天皇実録』一九七八年七月一二日条)。これまで香淳皇后と共に公務を行なってきた昭和天皇であったが、衰える妻の健康状態を重く受け止め、公務の大幅な軽減を決断したものと考えられる。

衰える香淳皇后　こうして香淳皇后は、公式行事から徐々に遠ざかっていった。一九七八年の全国戦没者追悼式では、久しぶりにその姿をみせ、翌年五月には、愛知県での全国植樹祭のために「二年ぶりのおそろいの旅」に出かけたが(『朝日新聞』一九七八年八月一五日夕刊、七九年五月二九日夕刊)、それ以降、香淳皇后は日を増して衰えがみられた。例えば、七九年の全国戦没者追悼式では、壇上で昭和天皇と一緒に進むはずが、左脚の痛みが再発し途中で立ち止まるというハプニングが起きてしまった。翌年の追悼式でも「お上につゞいてお進みになるやうに再三申上げたが、なか〳〵お進みにならず、「やつとお立ちになつたら、まん中でとまつておしまひになつた」(『入江相政日記』一九七九年八月一五日、八〇年八月一五日条)。当時、皇室記者だった岸田英夫(二〇〇〇)は、「記者席から見る姿は痛々しかった」と振り返ったが、香淳皇后の老化は誰の目にも明らかであった。この年の戦没者追悼式が、香淳皇后にとって最後の出席となった。その後も皇后は公務を続け、皇居内の公式行事に出ることもあったが、その「儀式の順序ややり方をまるで忘れてとまどう姿」をみせた(同前)。

ただそのなかでも、香淳皇后は昭和天皇とともに一九八〇年に箱根、翌年に群馬県への私的旅行に出かけ、ダイヤモンド婚式を迎えた八四年には、福島県の猪苗代湖など新婚旅行の思い出の地を再訪している（『朝日新聞』一九八一年六月三日、八四年九月五日）。そのほか新年の一般参賀や天皇誕生日の一般参賀には一九八七年まで出席しているが（『昭和天皇実録』一九八七年一月二日、四月二九日条）、これ以降、香淳皇后の姿は公の場からみられなくなっていくのであった。

このように香淳皇后が老いていくなか、昭和天皇にも病魔が迫っていた。一九八七年四月、天皇誕生日の祝宴中に嘔吐し、夏以降、腹部に違和感を訴えた昭和天皇は、十二指腸から小腸にかけた通過傷害があることが判明し、初の外科手術が行われた（舟橋正真、二〇一五）。手術を前にして昭和天皇は、「自分の手術のことを、老化症状の進んでいる皇后にどう伝えたらいいのか、心配だった」のか、「良宮《ながみや》にはどうする」と尋ねたという（岸田英夫、二〇〇〇）。良宮とは、香淳皇后のことである。手術後の経過は良好であったが、診断の結果、悪性腫瘍癌であることが判明し、翌年九月に大量吐血すると、その後は病床につくことが多くなった（舟橋正真、二〇一五）。香淳皇后は毎朝のように寝室の昭和天皇を見舞ったが（『昭和天皇実録』一九八八年九月二〇日条）、認知症の進む香淳皇后には、昭和天皇の病状が理解できたかは不明である。そして八九年一月、昭和天皇は死去し、激動の昭和は終焉した。

昭和天皇の死去により、明仁皇太子が新天皇に即位し、年号も平成に改まった。民間初の美智子皇后も誕生し、それに伴い香淳皇后は皇太后となった。従来、皇太后は皇居以外の場所に住むことが慣例であったが、その体調を配慮した明仁天皇と美智子皇后の意向もあり、引き続き吹上御所（「吹上大宮御所」に改称）に住まうこととなった（工藤美代子、二〇〇〇）。

代替わり後、明仁天皇と美智子皇后は、新憲法下の象徴天皇のあり方を模索し、新たな平成の皇室を形成していった。他方で、皇太后は、表に出ることがほとんどなくなり、最晩年は介護を受けながら、気分が優れる時には、車いすで御所内の庭を散策することを楽しむなど、長く穏やかな日々を過ごした。そして平成に入り一二年目の二〇〇〇年六月、老衰のため、九七年の生涯を閉じることとなった。

美智子妃、皇后への道　いっぽう、美智子妃はいかにして民間初の皇后になっていくのだろうか。一九六〇年代初頭、「ミッチー・ブーム」は終焉を迎えたものの、その後も美智子妃は、女性皇族として地道に公務に取り組んだ。

そこでの注目は、先述した「皇室外交」である。昭和天皇夫妻の初外遊が実現するなかでも、皇太子夫妻の親善訪問は、高齢の天皇夫妻の役割を補完する形で継続された。訪問国は、北米・中南米、ヨーロッパ諸国、オセアニア、アフリカ、中東、東南アジアなど多岐にわたる（舟橋正真、二〇一七）。そのなかで皇太子夫妻は、「皇室外交」を通して、戦争の記憶と積極的に対峙していった。例えば、一九六二年一一月のフィリピン訪問で、美智子妃は、アジア太平洋戦争の被害を受けた人々の生活状況を知りたいと述べている。実際、皇太子夫妻は、戦争孤児や戦争未亡人と面会するなど、現地の人々との交流を深めるほか、明仁皇太子も自身の希望で、日本人の墓や無名戦士の墓を訪れている。こうして美智子妃は、明仁皇太子とともに戦争の記憶という問題に取り組むことを重要な公務として位置づけていくのであった（河西秀哉、二〇一六、二〇一七）。

こうした意識は、国内においても顕著となる。それは、沖縄の問題をめぐってであった。一九七二年五月に沖縄は日本に復帰した。七五年七月、本土復帰記念事業の海洋博覧会が開催されたが、その名誉総裁に就任した明仁皇太子は、美智子妃とともに開会式出席のために沖縄を訪問した。そこで事件が発生した。皇太子夫妻が「ひめゆりの塔」を訪れた際、過激派から火炎瓶を投げつけられた。夫妻に怪我はなかったが、明仁皇太子は「異例の談話」を発表し、「沖縄の苦難の歴史を思い、沖縄戦における県民の傷跡を深く省み、平和への願いを未来につなぎ、ともどもに力を合わせて努力していきたいと思います」と述べた上で、その記憶を「一人ひとり、深い内省の中にあって、この地に心を寄せ続けていくことをおいて考えられません」と強調することとなった（『朝日新聞』一九七五年七月一八日）。こうした戦争の記憶への意識が、平成になってから展開される、明仁天皇と美智子皇后による「異例の旅」へと繋がっていくのであった。

そのほか、皇太子夫妻は児童福祉に関心を持ち、国内だけでなく外国でも小児病院や孤児院へ訪問している。このような福祉活動に対し、とくに美智子妃は非常に熱心であった。例えば、身体障害者スポーツ、保健、保育、そして子どもの問題などに自ら積極的に関わっていくのであった。こうした美智子妃の姿勢には、「聖心女子大学で学んだキリスト教主義的な思考、皇室がもともと有する慈恵主義的な意識」などがあった（河西秀哉、二〇一七）。

しかし、このような美智子妃の像は、マスメディアのなかで大量に消費され、人々から飽きられてしまうのであった。それゆえ皇太子夫妻は、昭和天皇夫妻の役割を補完しながら、新たな皇室のあり方を模索していくこととなる（同前）。そこでの独自の取り組みが後に「平成流」として国民に受容されるのは、まだ先のことであり、民間初の皇后の模索は、平成となってからも続いていくのであった。

おわりに

一九六〇〜七〇年代は、天皇制が地盤沈下した時代であったが、高度成長によって日本社会が大きな変貌を遂げるなか、香淳皇后は新たな像を形成していった。それまでの香淳皇后といえば、夫である昭和天皇を内助で支える妻としての像が主流であったが、この時期に実現した「皇室外交」を通して、皇后のパーソナリティに注目が集まるようになった。

とくに香淳皇后がみせた「微笑み」は、ヨーロッパ諸国で注目を浴び、アメリカでは「エンプレス・スマイル」と呼ばれるなど、その控えめな人柄と相まって人気を博した。その様子は日本国内でも大々的に報道された。国民は、生き生きとした「人間皇后」としての姿を目の当たりにし、その像を高度成長の時代のなかに重ね合わせたのかもしれない。

だが、それらが香淳皇后の人気や、皇室自体への関心に繋がったかといえばそうではない。それは、「ミッチー・ブーム」で人気を博した美智子妃に対しても同じであった。国民の関心は、皇室ではなく経済を中心とした社会問題にあったからである（河西秀哉、二〇一六）。そして香淳皇后は、晩年は公の場に出ることも少なくなってしまい、その存在が忘れ去られてしまったかのように思える。それゆえ、海外でみせた「エンプレス・スマイル」が、香淳皇后を象徴するイメージとして定着したのであった。

このように高度成長下の日本では、皇室それ自体が国民の関心時から外れてしまった。この時代に香淳皇后や美智子妃がみせた像は、確かに大衆の関心を引いたが、長くは続かず、社会が急成長するなかで次第に注目されなくなるのであった。それらは、まさに天皇制が高度経済成長のなかで深く地盤沈下してしまった一つの証左といえるだろう。

コラム　イギリス王室と四代の皇后たち

君塚　直隆

日英両国の王室同士の友好関係は明治維新とともに始まった。近代日本にとっての最初の「国賓」は、明治の皇室が手本とするイギリス王室から迎えたヴィクトリア女王の次男アルフレッド王子（エディンバラ公爵）である。一八六九（明治二）年のことだった。

それから一二年後の一八八一（明治一四）年には、アルフレッドの甥にあたるエディとジョージ（のちのジョージ五世）の兄弟が日本を訪れた。海軍幼年学校にいた二人は、世界周遊の訓練のさなかに日本に立ち寄ったのだ。二人は明治天皇から大歓待を受け、宮中では美子皇后（昭憲皇太后）にも謁見している。「彼女は大変小さく、本当に可愛らしい」と、二人に随行した養育係が美しい和服に身を包んだ皇后の印象をのちに記している。

妃同士の関係が始まるのは、この二人の母親でエドワード七世の王妃アレキサンドラの時代である。無類の犬好きで知られた王妃が可愛がっていた狆《ちん》を亡くしたと知り、当時の駐英公使だった林董《はやしただす》が皇后宮大夫の香川敬三《けいぞう》を通じて、美子皇后からの贈り物というかたちでアレキサンドラに狆が贈られた。時あたかも日露戦争末期の一九〇五（明治三八）年六月のことだった。王妃は大変に喜び、一頭には日本海海戦の英雄にちなみ「トウゴウ」と、もう一頭には「ハル」と名づけた。贈り主の美子皇后にあやかったのであろう。

貞明皇后の時代までは、天皇・皇后が海外を訪れることはできなかった。しかし、裕仁皇太子（昭和天皇）は念願のヨーロッパ歴訪を実現し（一九二一年）、最初に訪れたのがイギリスだった。ここで彼を出迎えたのが、四〇年前に日本を訪れたジョージ五世である。

「かつて日本を訪れた者は容易には日本を忘れられないものであります」と晩餐会《ばんさんかい》で国王は演説した。傍らではメアリ王妃がじっと聞き入っていた。この翌二二（大正一一）年、二人の長男エドワード皇太子（のちのエドワード八世）が返礼で日本を訪れた。貞明皇后も、前年に裕仁がお世話になった感謝の気持ちを込めてエドワードを歓待した。

貞明皇后自身は訪英できなかったものの、息子とその妃たちはいずれもイギリスを訪れている。一九三〇（昭和五）年には高松宮夫妻が訪英し、ジョージ五世夫妻に歓迎された。

犬好きのアレキサンドラとは異なり、メアリ王妃は無類の宝石好きだった。高松宮夫妻を招いたバッキンガム宮殿での晩餐会の折に、王妃はお気に入りのカリナンⅢとⅣを組み合わせたブローチを身につけていた。あわせて一五八カラットもある当時の世界で三番目と四番目に大きなダイヤモンドである。「世の中にこんな大きなダイヤがあるのかしら」と、喜久子妃がため息混じりに思わず見入ってしまったそうである。

一九三七（昭和一二）年には、秩父宮夫妻が訪英した。「王冠を賭けた恋」で退位したエドワード八世の弟ジョージ六世の戴冠式に出席するためである。夫妻は式が挙行されたウェストミンスター寺院の最上席で王の戴冠を見守った。秩父宮は戴冠式のお祝いとして国王には大勲位《だいくんい》菊花《きっか》章　頸飾《しょうけいしょく》を、エリザベス王妃（のちの皇太后）には勲一等宝冠章《ほうかんしょう》を持参した。しかしこの四年後に日英開戦となり、王室同士の絆はいったん途絶えてしまう。

それから三〇年の月日がたち（一九七一年）、昭和天皇はふたたびバッキンガム宮殿を訪れた。天皇としての初の外遊である。このたびは傍らに香淳皇后の姿もあった。天皇夫妻を歓待したのはエリザベス二世女王。これより半世紀前、女王がこの世に生を受ける五年前に、同じ場所で女王の祖父ジョージ五世から「慈父《じふ》のように」歓待を受けたことを、昭和天皇は終生忘れることはなかった。日英の戦後和解も本格的に始まった。

訪英の直前に、フランスで昭和天皇は一人の紳士と再会した。いまやウィンザー公爵として退位していたエドワード八世である。パリ郊外で余生を過ごしていた彼の屋敷を、天皇は皇后を伴って訪れた。記念撮影の時に、香淳皇后は公爵夫人ウォリスの手をしっかりと握りしめていた。この七ヵ月後にウィンザー公は七七年の生涯に幕を閉じた。

一九七五（昭和五〇）年には、エリザベス女王がイギリス君主として初来日を果たした。さらに女王の子供たちも次々と訪日し、八六（昭和六一）年のチャールズ皇太子来日時には「ダイアナ・フィーバー」まで見られた。時代は平成へと移り、九八（平成一〇）年に明仁天皇と美智子皇后がイギリスを公式に訪れた。明仁皇太子がエリザベス女王の戴冠式（一九五三年）に出席して以来、天皇夫妻はたびたび訪英してきた。九八年に国賓として初めて訪れたバッキンガム宮殿の晩餐会の席では、この直前に贈られたばかりのイギリス最高位のガーター勲章とともに、これより四五年前に授与された戴冠式を記念する記章も、天皇の胸に光り輝いていた。それは一世紀を超える日英王室の友好の証《あかし》でもあった。

図26　エリザベス女王とダイアモンドのブローチ

そして明仁天皇と美智子皇后の姿は、二〇一二（平成二四）年、女王の在位六〇周年（ダイヤモンド・ジュビリー）を祝うウィンザー城での宴の席にあった。世界中の王侯が一堂に会した午餐会でも最上席に通されたお二人のテーブルからは、終始笑いが絶えることはなかった。

第八章　発信する「国民の皇后」

〈美智子皇后・雅子妃　一九八九〜二〇一八〉

井　上　亮

はじめに

美智子皇后は、「国民の皇后」といえる存在である。平成の天皇・皇后のあり方を前輪駆動車にたとえると、皇后はともに回転する前輪である。国民はその姿に「双頭《そうとう》の象徴」を見ているのではないだろうか。

日本国憲法のもとで初めて象徴天皇として即位した明仁天皇は新しい天皇像の構築に取り組まなければならなかった。神格化とカリスマ性を原理とする戦前の天皇像をすり込まれた世代は、徐々に社会の中心から退場しつつあった。昭和の天皇像を漫然《まんぜん》と引き継ぐだけでは、戦後民主主義教育を受けた世代の皇室離れは避けられない。昭和天皇像との決別が天皇制の安定には必要だった。

導き出された解は戦後日本社会の機軸となった日本国憲法と民主主義に適合する天皇制であり、「国民に寄り添う」という言葉で代表される「顔の見える」「人間的な」天皇像だった。体制としては矛盾する民主主義と君主制を調和させるには、欧州王室のように国民に接近し、支持を獲得しなければならない。

その意味で美智子皇后は平成の象徴天皇像構築に必要不可欠な存在だった。かつての特権階級だった旧皇族・

図27　雅子妃関連系図

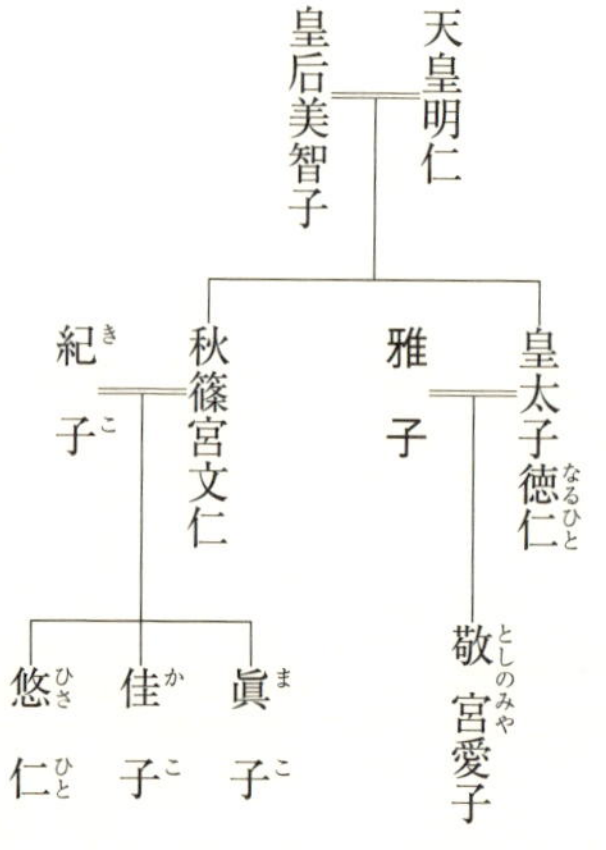

華族出身でなく、「テニスコートでの恋愛」で明仁天皇と結ばれたというイメージ。二人は「自由」「平等」「家庭的」「豊かさ」など、戦後民主主義の価値観を体現していた。国民は皇室が雲の上から自分たちに近い位置に降りてきたと感じた。

　しかし、このような大衆天皇制の姿は戦前のカリスマ的天皇像を信奉し、戦後民主主義を日本国憲法とともに「押しつけられたもの」と考える右派保守層には悪夢だった。右派にとって、二人の「庶民的な」活動は戦後民主主義と二重写しとなり、攻撃対象であった。避雷針となったのが美智子皇后で、平成が始まって間もない時期の皇后バッシングは戦後民主主義、そして〝アメリカ製〟の憲法が生み出した象徴天皇そのものに対する右派の怨念の表出だったといえる。

　バッシングは一時的なもので、その後、明仁天皇と美智子皇后は社会的弱者へのいたわり、災害被災地の慰問、戦没者慰霊などの活動で新時代の象徴のあり方を確立し、国民の絶大な支持を獲得した。この象徴のかたちは天皇・皇后「両輪」でなければ成立しないといえるほど、皇后の存在は大きい。

　美智子皇后を国民的スターにしたのは、容姿や品の良さなどの資質に負うところが大きいが、それだけでは国民の皇后になりえなかっただろう。もっとも重要な資質は発信能力だった。

　美智子皇后ほど多くの記者会見に臨んだ皇后はいない。誕生日の文書回答、講演、手記等々、膨大な言葉＝メッセージを国民に向けて発信し続けてきた。内容は災害、事件、歴史など社会のさまざまな事象や自身の人生観・社会観、ときには憲法や皇室と象徴天皇のあり方にまでおよんだ。

豊かな読書経験からにじみ出る卓抜な文章は強い訴求力を持っていた。美智子皇后は短歌も巧みで、全国各地、とくに被災地に歌碑が建立されている。国民に向けた明仁天皇のメッセージを補完し、ときには代弁する形で、平和・文化・寛容・真摯《しんし》さなど平成の象徴天皇が持つ良き面をアピールした。それは図らずも平成の象徴天皇の「報道官」の役割をはたした。

美智子皇后が作り上げた国民の皇后像は、野球界においての長嶋茂雄に比肩できるほどの皇后イメージを国民の脳裏に刻印した。それは継承が困難に見えるほどの高みに達しており、次世代の皇后となる雅子皇太子妃にとっては、昭和天皇像を乗り越えた明仁天皇以上の試練であろう。

二〇〇三年末から長期療養に入っている雅子妃に対しては、右派メディアやネット空間でバッシングが行われている。象徴としての評価を揺るぎないものにした天皇・皇后への批判を抑え込まれた「反戦後民主主義派」の怨念が雅子妃に向けられている面もある。「高学歴の女性」「キャリアウーマン」も戦後民主主義を体現していると考えられているからだ。

ただ、批判の多くは「活動しない」皇太子妃への不満のように見うけられる。病気への同情をかき消すほど「活動する」ことは将来の皇后の義務として国民の意識にすり込まれている。美智子皇后が作り上げた国民の皇后像に照らし合わせて、雅子妃は失格とみなしている国民もいるほどだ。

皇后のかたちがハイレベルでイメージされるようになったゆえであり、次世代の皇室にとっては国民の皇后像の継承も大きな課題であり、重荷であろう。

一　バッシングの深層

声を失う　一九九三（平成五）年一〇月二〇日、この日五九歳の誕生日を迎えた美智子皇后は赤坂の御所内で倒れた。皇后は声が出なくなっていた。侍医《じい》団の見立ては「何らかの強い悲しみを受けたとき一時的に言葉が発せられない症状が出ることはありうる」というものだった。

この年の四月からほぼ毎月のように週刊誌に皇后批判が掲載されていた。誕生日当日に解禁になった宮内記者会の質問に対する文書回答で、美智子皇后は一連の批判報道に対し「事実でない報道には、大きな悲しみと戸惑いを覚えます。批判の許されない社会であってはなりませんが、事実に基づかない批判が、繰り返し許される社会であって欲しくはありません」と反論していた。

美智子皇后がいうように、週刊誌報道のほとんどは事実とはかけ離れたもので、記者会見での皇后の発言を茶化すようなものも見うけられた。多くは「聖なるもの」を貶《おとし》めて留飲を下げるたぐいの悪乗りだった。この手の記事は受け流すのが皇太子妃時代からの流儀であったはずだが、声を失うまでのショックにつながったのは、月刊誌『宝島30』（一巻三号）に掲載された記事だったかもしれない。

「皇室の危機『菊のカーテン』の内側からの証言」と題し、「大内糺《ただす》（宮内庁勤務・仮名）」と署名されていた。「大内山《おおうちやま》（皇居＝皇室）を正す」という意図を込めたのは明かだ。

記事は天皇・皇后が快楽主義的であり、無趣味（?）だった昭和天皇とくらべて、テニスやダンスなど遊びにふけっていると批判する。食事の好き嫌いも激しく、深夜まで御所で友人とおしゃべりを続け、午前一時を過ぎて「ラーメンを作って」といいつけたりするため、職員は疲弊している。また、地方行幸啓も自分たちの行きたい場所を選り好みし、まるでフルムーン旅行だという。

宮内庁担当記者として通算十数年間取材してきたが、ここで指摘される事実は確認できない。ただ、このような中傷記事だけで美智子皇后が大きなショックを受けたとは思えない。記事に強い衝撃を受けたとしたら、その背後にある勢力の存在を感じ取ったからではないかとみられる。

記事は美智子皇后が「自他ともに認められる宮中の最高実力者」になっているとした上で、「ご気性に激しい側面がおありになる」と性格批判におよんでいる。

「癇性な面もお持ちで、御所の中では時折、甲高いお声を上げられたりすることがある。女孺《にょじゅ》というお側のお世話係りの女性が仕事を失敗したりすると、こっぴどくお叱りを受けたりしている」

守旧派の影　筆者はかつて学習院ＯＧ会・常磐会の重鎮に取材したことがある。当時八〇歳代半ばで、旧華族であり皇族とも親戚関係にあることを誇りにしていた。とても上品な女性だったのだが、話が美智子皇后におよぶと表情がゆがみ、その口から聞くに堪えない罵詈《ばり》雑言《ぞうごん》が飛び出したので驚いた。そのときの口吻《くちぶり》とこの記事の皇后批判がそっくりである。かつて常磐会で流布していた美智子皇后批判が記事に反映しているとみられる。

美智子皇后が皇太子妃として皇室入りした際、常磐会は守旧派の牙城として「民間」出身の皇太子妃批判の急先鋒だったともいわれている。この記事に常磐会の影を感じ、美智子皇后にトラウマが蘇ったとも推測される。

さらに『宝島30』の記事には別の反美智子皇后勢力の怨念が混在していた。それは反戦後民主主義派による平成の象徴天皇・皇后のあり方批判であり、それこそがこの記事の本旨であろう。

記事は天皇・皇后の振る舞いは「家族を重視した考え、徹底したマイホーム主義の路線に沿っていることばかり」だとして、「天皇の尊厳とマイホーム式の優しさは相いれない」と切って捨てている。平成時代の「膝をついての被災者見舞い」の嚆矢《こうし》となった一九九一年七月の長崎県雲仙《うんぜん》・普賢岳《ふげんだけ》噴火被災地訪問についても「今後、両陛下は全国で火山が噴火し、避難騒ぎが起こるたびにお見舞いにお出掛けになるおつもりなのだろうか」と否定的だ。

戦後民主主義への怨念　記事は最後の部分に至って反戦後民主主義派特有の呪詛が噴出している。アメリカ人のヴァイニング夫人の教育を受けた明仁天皇とクリスチャン系の聖心女子学院出身の美智子皇后では、国民が真に望む天皇・皇后像を体現できないとして、期待できるのは徳仁《なるひと》皇太子だという。「殿下にはぜひとも、人間を超越した真の天皇像を求めていただきたいと思う」。現人神《あらひとがみ》を機軸としていた国体を破壊し、戦後民主主義を押しつけたアメリカへの怒りと屈辱。それを率先して受け入れ、天皇のあり方の機軸としてしまった明仁天皇への失望と〝共犯者〟の美智子皇后への憤まんが見てとれる。

当時は反戦後民主主義派の意に染まない天皇像を作ろうとしている明仁天皇に向かう批判を美智子皇后が身代わりとして受けたと解釈されたが、彼らの狙いは平成の新たな象徴天皇の両輪の一方を撃つことにあったのではないか。美智子皇后は攻撃の本丸であった。

バッシングは美智子皇后が倒れたのを機に、皇后批判記事への批判が高まったことや週刊誌を発行する出版社社長宅に銃弾が撃ち込まれるなどのテロ事件もあり、急速に収束する。しかし、その後も戦後民主主義と平成の象徴天皇像への批判が間欠《かんけつ》的に現れる。

たとえば『文藝春秋』（七三巻四号、一九九五）に掲載された評論家・江藤淳の論考「皇室にあえて問う」である。江藤は一九九五年一月の阪神・淡路大震災被災地を見舞った天皇・皇后について次のように批判した。

「何もひざまずく必要はない。被災者と同じ目線である必要もない。現行憲法上も特別な地位に立っておられる方々であってみれば、立ったままで構わない。馬上であろうと車上であろうと良いのです。国民に愛されようとする必要も一切ない。国民の気持ちをあれこれ忖度《そんたく》されることすら要らない」

平成の象徴天皇像の全否定である。この論考で目に付くのは「戦後民主主義」という言葉だ。一〇ページの論考中、九回登場する。戦後民主主義を激しく攻撃していた江藤はもちろん否定的な文脈で言及している。「まさに平和ボケの『戦後民主主義』」「日本人は『戦後民主主義』で頭が痺れていた」「絵空事の上に絵空事を重ねて『戦後民主主義』という代物をでっち上げ」

江藤は震災の救助活動の初動が遅れたのは戦後民主主義のせいだと八つ当たり気味の論を展開し、次のように結論づける。

「『戦後民主主義』だの平和だの、戦争反対だの戦後五十年だの、そんなことばかりがさも人間が生きていくための一大事であるかのような風潮がこの日本を支配してきた。そして、その化けの皮が剝がれたのが、この阪神大震災という出来事だったと私は思います」

「皇室に問う」といいながら、ほぼ全編が戦後民主主義批判である。しかし、「戦後民主主義」を「平成の象徴天皇」に差しかえれば、この論考はタイトル通りの皇室批判になる。江藤にとって二つの言葉は同義だった。戦後民主主義体制への怨嗟《えんさ》は伏流《ふくりゅう》水《すい》となって平成の天皇・皇后に向けられていた。

皇后は天皇以上に時代性を映す鏡となる場合がある。現代天皇制研究者のケネス・ルオフ（二〇〇三）は明仁天皇が美智子皇后を伴侶に選んだことは「戦後憲法の恩恵を受け、成長しつつあった中産階級から熱烈に歓迎された。この婚約は皇室をしっかりと戦後生まれの憲法に結びつけ、さらに国民を皇室と戦後政治体制に結びつける役割をはたした」と述べている。

美智子皇后が反戦後民主主義派のターゲットとしてバッシングされたのは必然だった。

二　言葉の力

複雑さに耐える　平成の天皇・皇后が災害被災地の見舞いや障害者など社会的弱者の慰問、戦没者慰霊などの活動で象徴性を確立していくのは一九九〇年代後半からで、盤石《ばんじゃく》のものとしたのは戦後六〇年でサイパン島の慰霊訪問を行った二〇〇五年ごろからであろう。戦後民主主義教育を受けた世代が社会の大部分を占めるようになり、平成の象徴のあり方に共感が広がっていった。

平成の天皇・皇后が支持を得ていったのは、「国民に寄り添う」さまざまな活動に加え、「言葉の力」に負うところも大きかった。昭和の天皇・皇后とは比較にならない数の記者会見や「お言葉」「ご感想」などで、平成の象徴のあり方を国民に語りかけた。「スポークスパーソン」として美智子皇后の発信力は絶大だった。

画期となったのは一九九八年九月にインド・ニューデリーで開催されたＩＢＢＹ（国際児童図書評議会）世界大会での基調講演だった。美智子皇后は「子供の本を通しての平和—子供時代の読書の思い出—」と題して講演を行う予定だったが、直前にインドが核実験を行ったことで参加を見合わせ、ビデオメッセージとなった。このメッセージはＮＨＫで放送され、のちに本として出版される（美智子、一九九八）。

美智子皇后の豊かな読書遍歴から紡ぎ出された格調高い文章に多くの人々が感銘を受けた。皇后は新美南吉《にいみなんきち》の童話「でんでん虫のかなしみ」を取り上げ、人はだれでも悲しみを背負って生きていること、生きることは多くの悲しみと喜びに満ちていると語る。「私が、自分以外の人がどれほどに深くものを感じ、どれだけ多く傷ついているかを気づかされたのは、本を読むことによってでした」という。

「〔読書は〕読む者に生きる喜びを与え、失意の時に生きようとする希望を取り戻させ、再び飛翔する翼をとのえさせます……〔中略〕

読書は、人生の全てが、決して単純ではないことを教えてくれました。私たちは、複雑さに耐えて生きていかなければならないということ。人と人との関係においても、国と国との関係においても」

「悲しみ」「傷つき」「複雑さ」という言葉に、美智子皇后の来し方に思いをめぐらせた人も多かった。皇后は前年の九七年一〇月の誕生日にも「複雑な問題を直ちに結論に導けない時、その複雑さに耐え、問題を担い続けていく忍耐と持久力をもつ社会であって欲しいと願っています」と文書で回答している。皇太子妃時代のいじめや皇后となって間もない時期のバッシングを乗り越えた末の境地だろうか。

二〇〇四年、七〇歳を迎えた誕生日にはこう述べている。

「自らが深い悲しみや苦しみを経験し、むしろそのゆえに、弱く、悲しむ人々の傍らに終生よりそった何人かの人々を知る機会を持ったことは、私がその後の人生を生きる上の、指針の一つとなったと思います」

社会的弱者に寄り添う平成の象徴天皇のあり方は、美智子皇后の人生経験、哲学と無縁ではないだろう。

IBBYの講演では「生まれて以来、人は自分と周囲との間に、一つ一つ橋をかけ、人とも、物ともつながりを深め、それを自分の世界として生きています。この橋がかからなかったり、かけても橋としての機能を果たさなかったり、時として橋をかける意志を失った時、人は孤立し、平和を失います」とも述べている。

人生哲学を超えて、国連総会でなされてもおかしくない内容である。美智子皇后の世界観は、「壁を築く」自国最優先の偏狭なナショナリズムに抗し、人と人、国と国とが「橋をかけて」つながる国際協調主義、グローバリズムと通底しているといえる。

美智子皇后は二〇〇二年九月、スイス・バーゼル市で開かれたＩＢＢＹ創立五〇周年記念大会開会式に出席し、祝いの長いあいさつを述べた。皇后の単独海外訪問は史上初であり、「自力で駆動」し得る皇后のあり方の地平を開いた。

国民のなかに内在して　ニューデリー講演と同じ年の九八年五月、天皇・皇后は英国・デンマーク訪問を前に記者会見を行ったが、美智子皇后はここで平成の象徴天皇像の根幹を述べている。

「今、国民の大半が私どもに基本的に望んでいることは、皇室がその役割にふさわしい在り方をし、その役割に伴う義務を十分に果たしていくことだと思っています。民主主義の時代に日本に君主制が存続しているということは、天皇の象徴性が国民統合のしるしとして国民に必要とされているからであり、この天皇及び皇室の象徴性というものが、私どもの公的な行動の枠を決めるとともに、少しでも自己を人間的に深め、よりよい人間として国民に奉仕したいという気持ちにさせています。皇室の役割にふさわしい『在り方』という中に、きっと『親しさ』の要素も含まれておりますでしょう」

天皇ではなく皇后の言葉である。美智子皇后の「象徴天皇論」をもう一つ紹介する。

「〔天皇の立場は〕国の象徴であり、国民統合の象徴であると憲法で定められており、この天皇の象徴性とまた国民統合の象徴としてのお立場が、陛下を始め私どもの行動の枠を決めるとともに、皇室が国民から遊離したものとはならず、国民の中にしっかりと内在した存在であらねばならないという自覚を保たせています。〔略、国民との〕距離、親近性というものを、単に物理的な距離によって測る必要はないのではないかと考

えております」（二〇〇〇年五月、オランダ・スウェーデン訪問前記者会見）

国民のなかに「内在」した存在であるべきという皇室観は、明仁天皇が退位の意向をにじませた二〇一六年八月八日の「おことば」で述べた「日本の皇室が、いかに伝統を現代に生かし、いきいきとして社会に内在し、人々の期待に応えていくかを考えつつ、今日に至っています」とほぼ一致している。

明仁天皇と美智子皇后が象徴のあり方について話し合い、思想的合意のもとに活動していることがわかる。

二〇〇九年四月、結婚五〇年を迎えた記者会見で美智子皇后は「日本が世界に発信すべきメッセージ」として次のような見解を示した。

「一国が発信するメッセージは、必ずしも言葉や行動により表現されるものばかりとは限らず、例えば一国の姿や、たたずまい、勤勉というような、その国の人々が長い年月にわたって身に付けた資質や、習性というものも、その国が世界に向ける静かな発信になり得るのではないかと考えるようになりました。その意味で、日本が国際的な役割を十分に果たしていく努力を重ねる一方で、国内においても、日本が平和でよい国柄の国であることができるよう、絶えず努力を続けていくことも、大切なことではないかと考えています」

これは象徴天皇が世界に向けて発するメッセージと同義であろう。平成時代の半ばで十年余り侍従長を務めた渡辺允《まこと》は、天皇・皇后が外国を訪問する意義について「直接お目にかかった相手の人の心を打ち、それが水面に水滴が落ちる時の波紋のように相手の国民の間に広がって」（渡辺允、二〇〇九）いくことだと述べている。

渡辺は経済ミッションを率いて各国を回る欧州の王族とは違い、日本の天皇・皇后に期待されるのは「相手の国の人々の間に深い敬愛の念を呼び起こし、日本と日本人の良いところを代表してくださること」だという。

憲法への思い　優れた「象徴天皇論者」であり、「思想家」ともいえる美智子皇后の発信は、ときに政治的に微妙な領域に踏み込むこともあった。二〇一三年の誕生日の文書回答で「五日市憲法草案」に言及したことだ。同年七月の参院選を前に、改憲勢力が多数を獲得して衆参両院で改正に必要な三分の二の議席を得るかどうかが焦点となるなど、改憲論議がかまびすしい年だった。

美智子皇后の回答は基本的人権の尊重や法の下の平等、言論・教育・信教の自由などが明記された五日市憲法草案が明治憲法の公布に先だって作られ、市井《しせい》の人々の間にすでに民権意識が育っていたことを強調していた。改憲を訴える自民党が「日本国憲法はアメリカの押しつけ」と主張していたことに対し、「日本国憲法の精神は押しつけではなく、日本人が育んできたもの」という反論ではないかと話題になった。

宮内庁は否定したが、そう受け取られてもおかしくない面があった。この二ヵ月ほどあとの誕生日会見で明仁天皇は八〇歳を迎えての感想を聞かれ、憲法に言及した。質問に憲法という言葉がなかったにもかかわらず。

「戦後、連合国軍の占領下にあった日本は、平和と民主主義を、守るべき大切なものとして、日本国憲法を作り、様々な改革を行って、今日の日本を築きました」

護憲的ともとれる。そして戦後日本の立て直しにあたった「当時の知日派の米国人の協力も忘れてはならない」と述べた。美智子皇后は先の誕生日の回答で、この一年間に物故した親しい人々に言及し、そのなかで「日本における女性の人権の尊重を新憲法に反映させたベアテ・ゴードン」の名を挙げた。少女時代を日本で過ごしたゴードンは占領期の知日派米国人だった。

天皇・皇后が憲法について唱和したことは明確な意図によるものと考えざるを得ない。政治的発言ととられかねない危うさがあったが、日本国憲法は象徴天皇のレーゾンデートルであり、天皇の元首化など「平成の象徴のかたち」が否定されかねない改憲に危機感を持ったのかもしれない。

ただ、天皇の憲法についての発言は短く、どのようにでも解釈できるような配慮がなされている。美智子皇后の回答は具体的で長く、メッセージ性が強い。発信に関しても天皇・皇后は両輪であり、皇后が絶妙の補完役を果たしている。

三　癒やしと象徴性

図28　阪神大震災被災地のお見舞い（1995年1月31日，毎日新聞社）

がれきの上の水仙　美智子皇后が初の「民間」出身女性として皇室に入り、どのような苦労を重ねてきたか、国民皆が知っている。それゆえに、災害被災者や社会的弱者など、逆境にある人々との間に共感の回路をつくれる立ち位置にいたといえる。平成の天皇・皇后は困難な境遇にある人々への寄り添いをベースに象徴性を高めていったが、それには美智子皇后の「共感と癒やし」の力が大きく寄与している。

一例を挙げると、一九九五（平成七）年一月三一日に阪神・淡路大震災の被災地、神戸市長田区の商店街・菅原市場を見舞った際の美智子皇后の振る舞いだ。菅原市場は約八〇㌶が焼失し、約六〇人が亡くなった。震災被災地でもっとも火災被害が大きかった場所で、天皇・皇后が訪れたときも遺体の捜索が続いていた。

美智子皇后は焼け跡のがれきの上にそっと水仙の花束を置いた。皇居に咲いていた花を摘んできたのだった。被災地の住民らは、このときの感情をのちに次のように語っている（『祖国と青年』三五二号、二〇〇八）。

「わぁっーと心にこう伝わるものがあってね、いやこれは頑張らねばあかんねっていう気持ちをもったのが、私、今だ《ママ》に忘れられませんわ

帰りのバスの中でね、皇后陛下は窓際で両拳を上下に何回も振られて私たちをお励ましになったのですよ。もう何か、私にして下さったのではないかって気がすごくしてね

本当に勇気や感謝やいろんなものをいただきましたですね。人間味をね」

その後、水仙は街の復興のシンボル（象徴）とされ、復興区画整理事業として二〇〇三年五月に「すがはらすいせん公園」が完成。街を走るコミュニティー道路は「スイセン通」と名づけられた。復興した街では照明灯や車止め、歩道の舗装タイルなどに水仙の花のデザインが施された。

天皇・皇后の被災地見舞いが癒やしだけではなく、復興という目的に向かって人々を結集（統合）させ、突き動かす力を与えた。その「象徴的行為」は美智子皇后によるものだった。

希望の歌碑　阪神・淡路大震災を機に、災害被災地で美智子皇后を癒やしと希望のシンボルとする動きが始まる。美智子皇后の詠んだ短歌の歌碑建立だ。大震災の直後、天皇・皇后は淡路島の北淡町（現淡路市）も訪問したが、そのときに皇后が詠んだ歌「被災せし　淡路の島の　ヘリポート　かのあたりにも　よもぎ萌えゐむ」の歌碑が一九九八年一二月、同町の震災記念公園に完成した。

美智子皇后の歌碑は二〇〇六年九月、神戸市中央区の東遊園地にも建てられた。震災一〇周年で同市を訪問した際の歌だ。

笑み交はし　やがて涙の　わきいづる　復興なりし　街を行きつつ

美智子皇后の歌には「癒やしと希望」が詠み込まれている。先述の被災地住民の一人は「皆この御歌がスラスラスラって言えますからねぇ。そんだけこう心の中にずっとしまっていますわ」と話している。

翌二〇〇七年三月に同市須磨区の神戸総合運動公園に、やはり震災一〇周年での訪問の際に明仁天皇が詠んだ歌の歌碑が建てられた。復興の象徴としての歌碑は美智子皇后が先行しているのだ。

二〇一一年三月の東日本大震災の津波で大きな被害を受けた宮城県のＪＲ石巻線と女川駅《おながわ》は、一五年三月に全線開通し、駅舎も再建された。このニュースを聞いた美智子皇后が詠んだ歌の歌碑が一七年三月、新駅舎前に完成した。

春風も　沿ひて走らむ　この朝《あした》　女川駅を　始発車いでぬ

ここに詠まれているのは希望そのものである。被災地の人たちは希望の象徴を美智子皇后の歌に求めた。この歌碑を見る人は皇后の姿を思い浮かべるだろう。そこに歌碑を建立する意義があった。美智子皇后がこの地に心を寄せていると感じることが人々を勇気づける。これは象徴の役割を皇后も担っているということだ。

昭憲皇太后、貞明皇后、香淳皇后の前三代の歌碑も全国各地に建立されている。ただ、それらはその土地の風物を詠んだいわゆる「国褒め歌」であったり、ハンセン病施設などの社会的弱者をいたわるものがほとんどだ。災害被災地の人々を癒やし、希望の光をあて、再生に向けた象徴となりえる歌碑は美智子皇后のみである。もちろん、平成の天皇・皇后が、前三代が行い得なかった形で災害被災地の訪問を続けていることもある。

さらに美智子皇后の歌が象徴的歌碑となり得たのは、人々の心を揺さぶる歌の技巧だった。皇后の歌は強い発信力を持っている。次のような皇太子妃時代の歌がある。

かく濡れて　遺族らと祈る　更にさらに　ひたぬれて君ら　逝き給ひしか

神奈川県横須賀市の県立観音崎公園にある「戦没船員の碑」の敷地内に明仁天皇の歌（「戦日に　逝きし船人を悼む碑の　彼方に見ゆる　海平らけし」）とともにこの歌碑がある。

太平洋戦争では大量の民間船舶が軍に徴用され、激戦地で危険な輸送、監視業務に就いた。戦死者は六万人余りで、戦死率は軍人を上回る四割超。戦没船員の三割が未成年者だった。

明仁天皇は眼前に広がる海が二度と「波風の立ち騒ぐ」ことのない平和を祈り、美智子皇后は遺族の感情と一体になって戦没者を悼む。両輪での慰霊・哀悼歌だが、美智子皇后の歌は遺族の心情により深く寄り添ったものになっている。

犠牲を忘れない　この歌には被災地でのものに見られる癒やしと希望とは別のメッセージがある。それは「あなたたちのことを忘れない」という、天皇・皇后が戦没者慰霊を行う意義を込めたものだ。

民間船員の犠牲はともすれば戦争史のなかで忘れられた事実だった。戦後七〇年の二〇一五年六月一〇日、天皇・皇后は戦没船員の慰霊碑前で行われた追悼式に出席し、節目の年に人々がこの史実を知るきっかけをつくった。

美智子皇后は前年一〇月の誕生日の回答で戦没船員の悲劇について触れ、国民の記憶喚起を促すとともに、次のような「平和哲学」を述べた。

「世界のいさかいの多くが、何らかの報復という形をとってくり返し行われて来た中で、わが国の遺族会が、一貫して平和で戦争のない世界を願って活動を続けて来たことを尊く思っています。遺族の人たちの、自らの辛い体験を通して生まれた悲願を成就させるためにも、今、平和の恩恵に与っている私たち皆が、絶えず平和を志向し、国内外を問わず、争いや苦しみの芽となるものを摘み続ける努力を積み重ねていくことが大切ではないかと考えています」

遺族会の活動に仮託しているが、これは戦後日本の平和主義への称賛であり、「恒久の平和を念願」し、「平和を愛する諸国民の公正と信義に信頼」することにより「安全と生存を保持しようと決意」した日本国憲法の理想が含意されているといってもうがち過ぎではないように思える。

生まれ持った資質と読書・学習経験、皇室入りして以降の苦難、そして明仁天皇とともに実践してきた国民に寄り添う象徴天皇の活動の積み重ねにより、美智子皇后の言葉自体が象徴性を帯びる域に達している。

四　皇太子妃の重荷

「活動しない」ことへの批判　次代の皇后、雅子皇太子妃への重圧はとてつもなく大きい。それは美智子皇后が克服した重荷に倍するといっても過言ではない。美智子皇后との決定的な違いは、あくまでも現時点でだが、皇位継承の資格がある男子を産むことがかなわなかったことだ。

「美智子皇后が皇室に及ぼした最大の影響力は、二男一女の母としての権威に由来する」（ケネス・ルオフ、二〇〇三）ともいえる。もし、男子を産んでいなかったら、美智子皇后は国民の皇后になり得なかったかもしれない。皇位を次代につなぐことが第一の使命である皇室の冷厳な現実だ。

さらに大きな重荷は美智子皇后の存在そのものだ。平成の象徴像は天皇・皇后が両輪で築き上げてきた。「象徴としての」皇后の存在感は究極の高みに達しており、国民が同じ皇后像を求め続けるならば、雅子妃はほぼ到達不可能とも思える頂《いただき》を目指さなければならなくなる。長嶋引退後の巨人の四番がその残像に苦しめられたように。

「適応障害」の長期療養による「活動しない」皇太子妃に対し、美智子皇后に理想像を見て不満を持つ国民もいる。そこに好餌《こうじ》を得た反戦後民主主義派のバッシングが加わった。高学歴のキャリアウーマン出身の雅子妃は女性の社会進出を象徴しており、男女平等をうたった日本国憲法の果実でもある。戦後民主主義批判勢力から見れば、美智子皇后に輪をかけて許しがたい存在に映る。

再現された右派の攻撃　平成の天皇・皇后のあり方が国民から絶大な支持を得るにしたがって、抑え込まれた批判派の鬱積は雅子妃に向けられるようになった。それは二〇〇四年の徳仁皇太子による「人格否定」発言以来顕著になる。

右派の評論家、加瀬英明（二〇〇五）はこの発言を受けた皇太子夫妻批判のなかで、美智子皇后のニューデリー講演に触れ、「皇后陛下が御自分の意見を公の場でお述べになられたのに加えて、国民によって採点されるようなことをなさるべきではない、と思って胸が痛んだ」「天皇、皇后両陛下は、なるべく静かになさっていらしていただきたい」などと平成の象徴のあり方への異議をぶつけた（加瀬英明、二〇〇五）。

別の右派の評論家、西尾幹二（二〇〇八ａ）は皇室が平等や人権、個人主義といった近代理念が入り込めない領域であるのに、雅子妃によって個人主義と能力主義が持ち込まれたと嘆いた。皇太子の人格否定発言はその結果だとし、「雅子妃殿下は天皇制度の内部に入ってそれを内側から少しずつ崩しているいわば獅子身中の虫」とまでいう。

憤まんは雅子妃の父親の小和田恒《ひさし》・元外務次官にも向けられる。中国への「謝罪外交」を推進した「進歩的反日的思想の持ち主」といい、「天皇家は好ましからざる反伝統主義者に乗っ取られる」と非難する。歴史観や外交などに対する右派の不満がすべて雅子妃にぶつけられているかのようだ。

雅子妃への罵倒はエスカレートする。

「『適応障害』というのは三十歳代のエリート社員に多い一種のわがまま病〔略〕昔なら人間として落第点がつくだけの話（西尾幹二、二〇〇八b）

雅子妃は私からみるなら、アメリカナイズされた民主主義にとっぷり浸かった、自己主張の強いタイプで、それ以外では少し配慮の足りない普通の女性、外国に憧れていて日本流儀を好きではないし、信じてもいない、やや軽佻浮薄な進歩的知識人傾斜の価値観の持ち主である。そういう方が皇室に入ってうまく行くはずはない」（西尾幹二、二〇〇八c）

かつての天皇・皇后の活動と戦後民主主義を重ね合わせた批判と同じ構図が見られる。その後も雅子妃の経歴に結びつけた国際化批判、「敗戦と占領で日本の精神中枢が壊された」という右派の怨念がまぜこぜで登場する。「活動しない（できない）」皇太子妃に対する一部の国民の違和感に右派が便乗し、平成の天皇・皇后のあり方への不満をぶつけている形だ。美智子皇后と雅子妃が「戦後の皇室を振り返ると、二つの〝侵入者〟」であったといい、「外部から来たもの」に対して「機能不全に陥り、適合不全を起こしてしまっているのが、今の皇室です。雅子妃はその象徴なのです」（堤堯・久保紘之、二〇〇八）という言説（発言者は久保）も見られる。

右派は「振り子が戻らずに振り切ってしまっているようなものです。これは、雅子妃だけではなく、今上天皇が即位した時からおかしくなったのです。〔略〕明仁天皇が御朝見の儀で『日本国憲法を死守する』と発言されたところから、振り子が振り切れ始めたんですよ」（同右、久保の発言）と、雅子妃批判に平成の天皇の「行きすぎた戦後民主主義・日本国憲法尊重路線」批判を付け加えることを忘れなかった。

廃太子論　雅子妃への失望は徳仁皇太子にも向かい、二〇〇九年ごろから離婚や廃太子、皇太子の「退位」を求める論考が月刊誌に掲載されるようになる。皇太子を飛び越して、秋篠宮に皇位が継承されることを望む論も見られた。これは秋篠宮家に悠仁《ひさひと》親王が誕生したことによる直系継承願望の表れとみることもできる。

雅子妃の病気が皇后になってからも回復せず、療養が続いたとしても、徳仁天皇の本来の仕事（国事行為や宮中祭祀など）には大きな支障はないはずだ。それにもかかわらず、徳仁皇太子が天皇となることへの懸念が表明されるのは、皇后が機能不全では象徴天皇制は立ちゆかないという意識が人々の間に存在しているからだろう。皮肉なことに、明仁天皇と美智子皇后が確立した「双頭の象徴」像が次世代の象徴性獲得の大きな壁となっている。

おわりに

戦後の日本国憲法のもとで誕生した象徴天皇制には、軍国主義と結びつき国民を抑圧した大日本帝国憲法下の天皇制の反省から、天皇から政治的権能を奪い、活動を抑制する企図が込められている。同時に天皇制維持の政治的な目的と制度の激変による社会的混乱を回避するため、戦前の天皇制の残滓《ざんし》も内包していた。いわば妥協と折衷の産物だった。

象徴の中身はあえて空洞のまま、昭和天皇の「神性・カリスマ性の残影」で維持された。徹底的な天皇崇拝教育を受けた世代が社会の中枢を占める間は、天皇制の存在は自明のこととして齟齬《そご》をきたすことはなかった。

昭和天皇が世を去ったことは、天皇と同時代を生きた人々も社会から退場していくことを意味していた。天皇制を自明のものとみなさない国民が増えていく日本社会で、神性・カリスマ性なき天皇がどのように存続していくべきか。

明仁天皇の選択した道は、戦後日本社会の機軸となった日本国憲法の理念を体現する天皇だった。象徴天皇制は憲法が生み出したものであり、その道しかなかったともいえる。ただ、象徴という形なきものへ国民の支持を集めるには、憲法の理念だけでは不十分だった。人は理念に親しみと敬愛を感じない。美智子皇后は理念だけでは危うかった象徴天皇のかたちに、親しみと敬愛という重要な要素を加えた。

日本人は平和、自由、平等、人権など日本国憲法の理念がもたらした戦後民主主義を支持し、謳歌していた。初の「民間」出身皇太子妃として皇室入りし、その容姿と聡明さで国民を魅了した美智子皇后は、明仁天皇とともに常に人々の視線の前に立った。三人の子どもたちに囲まれた家庭的な姿は、高度経済成長により勃興した中流階級のシンボルのように映った。皇室に対する国民の親しみの感情は美智子皇后を起点に広がっていった。象徴天皇制にとって奇跡的な存在といっても大げさではないかもしれない。

天皇・皇后となった二人は、皇太子夫妻時代に培った親しみを資産とし、社会的弱者への寄り添い、災害被災者見舞い、戦没者慰霊などの活動により、国民の感情を親しみから敬愛へと昇華させた。平成の象徴行為は天皇・皇后が二頭立ての馬車のように行う双頭の象徴というかたちで行われた。平成の象徴は皇后の存在抜きで成立しなかった。

美智子皇后が「国民の皇后」あるいは「象徴皇后」にまで登り詰めることができた要因に、皇太子妃時代に蓄積されてきた国民の親しみの感情があった。皇后としての象徴性が培養され、準備されていたともいえる。

雅子妃は海外の留学経験、外務省勤務のキャリアをへて皇太子妃となった。国民に与えた清新さと期待は美智子皇后に勝るとも劣らないものがあった。

しかし、美智子皇后が結婚翌年に皇位継承者の徳仁親王を出産し、皇太子妃としての最大の重圧から解放されたのとは対照的に、一九九三年六月の結婚から二〇〇一年一二月に愛子内親王が誕生するまでの間、国民の期待という重圧が続いた。そして、皇位継承資格のある男子を産んでいないことから、重圧からは完全に解放されることなく、それが要因として長期の療養生活に入った。

もし、美智子皇后と同様に結婚後早期に男子が誕生していたなら、雅子妃は皇太子妃として活発に活動を続け、海外での経験と語学力で美智子皇后とは別の発信力を発揮していたかもしれない。現状では美智子皇后のような国民の皇后としての象徴性の培養と準備が整っていない。

ただ、雅子妃が国民の皇后になり得ないと断定するのは早計であろう。平成の双頭の象徴のフレームはできあがっている。これを一から作り上げる〝力業〟は美智子皇后をもってしかなし得なかったかもしれないが、フレームに沿って皇后としての実績を積んでいけば、時間はかかるかもしれないが、象徴性はおのずと備わってくる可能性がある。

象徴天皇制にとってもっとも危ういのは、美智子皇后との比較で雅子妃に失格の烙印が押されることだ。皇位継承資格のある男子を産まなかったこと、病気ゆえに活動できないことを理由にバッシングを続けることは、雅子妃の人間としての尊厳を著しく貶めることになる。それは皇室が非人間的な場所であるというイメージを広げ、明仁天皇・美智子皇后が築き上げてきた戦後民主主義的な、親しみのある皇室像を瓦解させることにつながる。

雅子妃が国民の皇后ではなく、「悲劇の皇后」になった瞬間、皇室は「格子なき牢獄」と認識され、そこに嫁ぐ配偶者を得ることはきわめて難しくなる。皇后のあり方は天皇制の存続に関わる問題なのだ。

おわりに

河西秀哉

本書ではこれまで、近現代四人の皇后の思想と行動といったあゆみ、同時代の社会のなかでのイメージなどを丁寧に明らかにしてきた。

天皇には、大日本帝国憲法においても日本国憲法においても、それぞれに規定された「公務」が存在した。天皇はそれを担いつつ、それぞれの個性や社会の状況に応じて仕事が模索され、展開されてきた。その意味では、近現代の天皇は決められた仕事をベースにしつつ、独自性を発揮する存在であったと言える。

しかし皇后は異なっていた。大日本帝国憲法においても日本国憲法においても、皇后の公務（仕事）に関する規定はない。皇后という文言さえ、どちらの憲法にも登場しないのである。皇室典範にはさすがに皇后について言及はあるものの、地位や敬称などに関する規定のみで、やはり公務に関する規定はない。その意味で、近代の皇后は天皇以上に自ら模索をして公務を創り出し、存在意義を知らしめる必要があった。

しかも、明治より前の皇后は基本的には人々の前に姿を現すことはなかった。第一章で描かれたように、近代になり、国民国家として国際社会のなかでの日本ということが注視され、皇后は表に出るようになる。近代国民国家として、ヨーロッパとの互換性が重視（高木博志、一九九七など）され、対外的な意味からも皇后も君主の妻としての役割を果たさなければならなくなったのである。学校や軍隊などの近代的諸施設が形成されていくなかで、そこでの皇后の役割も形成されていく。そして、女子教育を中心として幅広い層の教育や養蚕業や農業などの産業を奨励していく。社会福祉事業にも積極的に関わった。また、近代日本が国家として「良《りよう》妻《さい》賢《けん》母《ぼ》主義」の思想を重視するなかで、その模範的な存在として皇后を据えられていった。近代という時代状況は、皇后の役割やイメージをそれまでとは大きく変容させたのである。

昭憲皇太后は、そうした近代天皇制形成期における皇后の役割やイメージを形成した皇后であった。とはいえ、前時代との連続性も有していた。「奥」のなかでの皇后は、側室（侍妾）など、宮中の女性たちを束ねる存在であり、必ずしも天皇の「生母」ではなかった。昭憲皇太后はまさに、そのような前近代からの皇后の役割を果たす存在でもあった。その一見すると矛盾するような近代的／前近代的立場を兼ね備えた立場として、昭憲皇太后は位置づけられていく。そして、皇后は「国母」とイメージされていく。それは、元首である天皇を支える女性という立場であった。近代日本のジェンダーを象徴するのが、天皇と皇后であったとも言える。

大正天皇の妻である貞明皇后は、結婚時に夫婦そろって旅行したり、その後も天皇とともに行動するなど、新しい近代的な夫婦像を提示していく。日清・日露戦争後の本格的な資本主義化・大衆社会の到来のなかで、そうした新しい社会環境に応じた役割を天皇・皇后は果たしていくのである。大正天皇と貞明皇后が結果的に一夫一婦制となっていくことも、人々には新しい皇室の家族像をイメージさせた。

一方で、貞明皇后は昭憲皇太后以来の伝統も引き継いでいく。天皇との夫婦間の序列は維持されるなど、そのジェンダー的秩序は継続された。また、皇后としての仕事も、女子教育の奨励や社会福祉事業など、明治以来の伝統を意識的に引き継ぎ展開していった。その後、大正天皇が病気となることで政治的主体として皇后は立ち現れるが、第二章でも述べられたように、それは宮中の「伝統」を引き継ごうとする貞明皇后の意思ゆえであった。

こうした時代状況のなかで、後の香淳皇后である皇太子妃良子が登場する。第一次世界大戦後の日本は、資本主義化がより進展し、大衆消費社会はより花開いた。マスメディアも発達し、そうしたなかで皇室に関する記事は大きく取りあげられていく。そうした状況の中で皇太子裕仁はヨーロッパへ外遊し、新しい風を皇室にもたらすことを人々に期待された。そして皇太子妃は決定される。世間に皇室への期待感が醸成されるなかでの結婚は、皇太子・皇太子妃の大衆的人気を決定的なものとした。

ただし、新しさだけでもなかった。国民教化・規範・啓蒙のレベルのイメージでも二人は捉えられていく。その意味では、国家の象徴的な立場として、大衆化した人々の模範となることも皇太子妃には求められた。それは、近代に形成された皇后像を引き継ぐものであったと言える。皇太子妃良子にはそのような二つの側面が入り混じっていたのである。

昭和となり、次第に総力戦体制が構築されるなかで、皇后には戦争協力のための役割が強く求められるようになる。皇后自身も積極的にそのために働き、それが報道されることで人々を戦争に参画させることへと繋がっていく。皇后がこの時に関わった戦争協力のための「御仁慈」は、近代天皇制で構築されてきた皇后による社会福祉事業の延長とも言える。

また、子どもたちを産み育てる香淳皇后の姿は、マスメディアを通じて積極的に人々に伝えられた。それは、大正期のような家庭的な像を示しつつ、しかし「国母」としての皇后像を強調する言説ともなった。しかし一方で、戦争は皇后にそうした「私的領域」を認めない方向へと進んでいく。皇太子は手元で育てるのではなく、天皇皇后から離されて養育された。「私」である家庭は、天皇制国家という「公」に包摂されていったのである。

アジア・太平洋戦争の敗戦によって、そうした皇后像にも変化がもたらされる。日本国憲法によって象徴となった天皇制においては、その前後から天皇の「人間」性が宣伝され、「民主化」がアピールされることで戦争責任という危機を回避しようとしていた。その時、皇后も一役を買うことになる。「母」として「妻」としてのイメージが強調されたのである。それは総力戦体制期のイメージの残存・継続であったが、人々に皇后の「人間」的なイメージを定着させるのに大きく寄与した。これは家制度が廃止された後の戦後の新しい家族像にも親和的であった。新たな夫婦関係として、夫に寄り添う妻の像の模範として、皇后は敗戦後もあり続けた。

皇后自身、象徴天皇制へと変化するなかで、夫婦そろって社会福祉事業を奨励するなど、新しい役割を果たそうと試みた。人々に近い象徴天皇制を示す行為として映ったと思われる。しかしそれは、福祉という点から見れば、近代天皇制における皇后の役割の延長であったとも言える。その意味では、皇后の位置づけは変化していなかった。意義付けが戦後社会のなかで新たに加えられていったのではないか。

ただしこうした皇后の姿は、社会の変化のスピードに次第に付いていけなくなってしまう。占領後、「新生日本」や高度経済成長という日本社会の急速な変容は、天皇制に対する人々の意識も大きく変化させた。ふたたび大衆消費社会が到来し、マスメディアはより発達していく。そのなかで、香淳皇后の行動やイメージは戦争からの復興へのあゆみを共有世代からは共感を得ていたものの、新しい世代にとっては古くさく見えたのである。そこで登場したのが、皇太子妃美智子である。彼女の「平民」としてのイメージ、積極的に人々に近づいていく行動や発言は、その後の新しい皇后像を人々に予感させるものであった。それゆえ、人々は皇后よりも皇太子妃に注目していくことになる。

しかしそうした人気も、象徴天皇制への人々の関心が急速に衰えた高度経済成長後、同様に低下していくことになる。そのなかで、美智子妃の模索が始まる。そこで展開された皇室外交、福祉への関心などは地道な努力として継続された。そしてそれを皇后となっても担うことで、のちに人々に「平成流」として意識されていくことになる。昭和の後半、香淳皇后自身はケガをきっかけにして次第に外へ出ることが少なくなり、人々に対してアピールの機会を失っていく。そのために皇后の存在の印象が薄くなってしまった。

平成になり、天皇と皇后がペアとなって活動することがマスメディアなどを通じて印象づけられた。福祉、被災者への見舞い、戦没者慰霊などの活動は社会の変化とともに増えていった仕事であるが、これも二人で行っていくことで、よりそうした印象が強くなっていく。そして人々はそうした姿を支持していった。ただしこれも、近現代の皇后の歴史を見てみると、皇后が行っていた社会福祉事業に関する行動を、天皇とペアになってやるようになったと位置づけることもできる。その点では皇后の行動は連続しており、社会の変化のなかで夫婦一緒にという形式へと変化したものと見ることができる。

以上見てみると、近現代の皇后には連続している部分とそれぞれの皇后で独自性を発揮している部分があることがわかる。

連続しているのは、弱者に寄り添う、社会福祉事業に一貫して取り組んでいることであろう。昭憲皇太后が行ったこの取り組みは、多少の強弱はありつつも、美智子皇后まで行われている。憲法などに公務が規定されていない皇后の、まるで公務のように展開される。当初、近代国家建設にあたって明治政府は社会福祉事業政策には消極的であった。皇后はそうした政府の政策では光の当てられないような部分を補完するように、こうした事業に熱心になっていったと思われる。しかし、次第に時代状況が変化するなかで政府も社会福祉に取り組むようになる。皇后の行動は政府と一体となって、国家的な事業として展開されていくのである。その典型が、貞明皇后の「救らい事業」だろう。また、戦傷病者に対する皇后の慰問も、国家による戦争の遂行への協力という側面がある。それは、アジア・太平洋戦争時にはもっとも極地を向かえることとなる。また原武史が指摘するように、奈良時代の光明皇后による施薬院《せやくいん》などの福祉政策が皇后像の理想として近代に意識されたことも、福祉が皇后の役割となった要因としてあるだろう（原武史、二〇一五）。

また、「公」と「私」の関係も重要である。天皇は近代は元首、現代は象徴と位置づけられ、「公」として位置づけられた。しかし、先ほども述べたように、皇后に憲法上での位置づけはなく、皇室典範という法律のなかで「公」と位置づけられる存在である。天皇と皇后は「公」としての立場と言いつつ、それは位相が異なるかもしれない。

しかも天皇と皇后は夫婦として、外に出て人々に姿をさらすとともに、一方で家族としての生活を営む。そうした時、二人の生活は「公」なのか「私」なのか。近現代の皇后のあり方を見る時、この「公」と「私」の境界は非常に曖昧かつ常に揺れ動いていたと思われる。例えば、戦時中、皇后の家庭生活が公表されることで、銃後の女性たちの模範として戦争協力に努める状況が用意される。しかし敗戦後に同じように皇后の家庭生活が宣伝されることは、「人間天皇」をアピールし、象徴天皇制を支持する基盤を形成するのに利用される。つまり、彼女の「私」としての生活も、常に人々に何らかの影響を与え、そのために宣伝・使用されることがあった。それは、「私」でありながら「公」であったと言える。近現代の皇后は常にそうした環境に置かれていたのである。

そしてより重要なのは、皇后が産んだ子どもが次の天皇であるという点である。近現代においては、次第に宮中においても一夫一婦制が確立する。そうすると、皇后が「お世継ぎ」を産まなければならないという思考が、それまでよりも強くなっていく。子どもを産むという「私」としての行為が、次世代に天皇制を継続させていくという「公」としての意味を持つ。これが、近現代の皇后の多くに課せられた課題となった。

こうした問題は、次の皇后となる皇太子妃雅子に大きくのしかかった。社会状況は変化し、専業主婦から女性が仕事を持ちつつ家庭生活を営む方向性へと進んでいる。雅子妃も皇室外交という公務（仕事）をしたいという希望を持ちつつ、しかし「私」である子どもを産むことが「公」としてプレッシャーになり、その葛藤に悩んだことは、「はじめに」でも描かれていたとおりよく知られている。

そうした彼女が次の皇后になることは、これまでの近現代の皇后の歴史を継続させつつ、社会の変化に応じて独自性を示すことになるのだろうか。近年、明仁天皇・美智子皇后による、被災者への見舞い、戦没者慰霊などいわゆる「平成流」と呼ばれる能動的な取り組みは、人々の高い支持を受けている。その点で、こうした方向性は、おそらく次の天皇・皇后も継続せざるを得ないと思われる。ただし、未だ病気が完全に治癒していない雅子皇后に、美智子皇后並みの行動を求めるのは難しいのではないか。そうすると、その時に人々は新しい皇后をどのように感じるのだろうか。私たちは、近現代の皇后の歴史を見てきたからこそ、雅子皇后なりの姿を求める必要があるようにも思う。

また、独自性という観点から言えば、雅子妃が外務省に勤務していたというキャリアを活かした取り組みも考えられるだろう。グローバル化する社会のなかで、日本の象徴天皇制、特に皇后が果たす役割を考え、そして実行していくこともあり得るだろう。そうすると、「私」と「公」の境界もふたたび変化するのではないか。これまでの皇后の歴史を見てくると、それも充分に考えられる選択肢であるように思われる。

一方、二〇一九年五月以降、これまでの皇后―皇太后という関係性から、新しい皇后―上皇后という関係性に変化することも今後を見る上では重要である。上皇后は公務を担うのか否か。そして、平成と同じように「私」を「公」としてさらすようなことがあるのか。その時、皇后と上皇后の関係性はこれまでの皇太后とはどのように異なるのか。それは、私たち自身が考えておく問題のようにも思われる。

本書で明らかにしたことがきっかけとなり、より皇后研究が進展するとともに、今後の象徴天皇制や皇后のあり方を考えるようになれば幸いである。

ブックガイド

本書のなかで、各執筆者は皇后四代について記述するさいに多くの参考文献を利用した。ここでは、それを中心として、本書の内容をより深めるための書籍を紹介しておきたい。以下に挙げた文献を読むことで、近現代天皇制における皇后の役割や意味について、より理解できるものと考えられる。

まず、近代天皇制における皇后全般を扱った研究を紹介しておきたい。歴史学として網羅的かつ詳細に史料を分析した著書として、片野真佐子『**皇后の近代**』（講談社、二〇〇三年）が挙げられる。片野は昭憲皇太后・貞明皇后を中心にしてその行動や思想を丹念に明らかにし、近代天皇制における皇后の果たした役割を提起した。歴史学における皇后研究の出発点とも言える著書であろう。小田部雄次『**昭憲皇太后・貞明皇后**』（ミネルヴァ書房、二〇一〇年）は伝記の形で、やはり二人の行動と思想を丹念に明らかにした研究である。明治以降、「国母」として人々の前に立ち現れることとなった皇后について、小田部は二人ともその資質があったと結論づけている。

近年、皇后について最も大きな成果を挙げた著書は、原武史『**皇后考**』（講談社、二〇一五年、二〇一七年文庫化）であろう。特に貞明皇后を中心に検討されているこの研究は、皇族ではなかった女性が皇室へ嫁ぎ、次第に皇后としての能力を兼ね備えていく姿を克明に描き出している。原はその過程で、神功皇后や光明皇后などの神話・古代の皇后が理想化され、それと結びつけられていくなかで近代天皇制における皇后像が成立していくことを論じた。原の『**日本政治思想史**』（放送大学教育振興会、二〇一七年）の「各論7・シャーマンとしての女性」

や『〈女帝〉の日本史』（NHK出版新書、二〇一七年）の第五章「皇后が『祈る』主体となる時代」も併せて参照しておきたい。

なお、ハンディに読むことができる皇后論として、保阪正康『皇后四代』（中公新書ラクレ、二〇〇二年）と小田部雄次『四代の天皇と女性たち』（文春新書、二〇〇二年）を挙げておく。どちらも、明治から現代まで触れているのが特徴である。

昭憲皇太后については、その図像の検討を通して近代における女性の国民化に皇后が果たした役割を明らかにした、若桑みどり『皇后の肖像』（筑摩書房、二〇〇一年）が特筆される。著者が専攻する美術史研究のみならず、国民国家論や天皇に関する図像研究などの諸研究に影響を受けたこの著書は、片野から皇后の主体性を論じていないとの批判もあったが、昭憲皇太后を研究する意味、そして皇后と近代日本社会との関係性を提起した点で画期的な研究だったと思われる。また、ジェンダーの観点からは、長志珠絵「天子のジェンダー」（西川祐子ほか編『共同研究　男性論』人文書院、一九九九年）が明治天皇と昭憲皇太后の図像を検討しつつ、その役割を検討しており重要である。近年は、明治神宮監修『昭憲皇太后実録』上・下・別巻（吉川弘文館、二〇一四年）が刊行されたことにより、それを基にした真辺美佐などの研究も進展しつつある。

貞明皇后については、前述の研究のほかに、堀口修「関東大震災と貞明皇后」（『大正大學研究紀要』九七号、二〇一二年）が関東大震災において果たした役割を明らかにしている。ジャーナリズムからの著作として、川瀬弘至『孤高の国母貞明皇后』（産経新聞出版、二〇一八年）もある。また、永井和『青年君主昭和天皇と元老西園寺』（京都大学学術出版会、二〇〇三年）や伊藤之雄『昭和天皇と立憲君主制の崩壊』（名古屋大学出版会、二〇〇五年）などからは、病気であった大正天皇に代わり、皇后が政治的にも大きな影響力を有していたことが浮かびあがる。

また、貞明皇后に関しては関係者の回想などにも注目したい。職員として貞明皇后に接した筧素彦『**今上陛下と母宮貞明皇后**』（日本教文社、一九八七年）、高松宮喜久子妃の妹である著者が貞明皇后から姉に宛てた手紙などを紹介した榊原喜佐子『**大宮様と妃殿下のお手紙**』（草思社、二〇一〇年）、そして末っ子である三笠宮と妻の百合子妃が貞明皇后との思い出を回想した工藤美代子『**母宮貞明皇后とその時代**』（中央公論新社、二〇〇七年、二〇一〇年文庫化）などからは、貞明皇后の人物像などを知ることができる。

香淳皇后についてはそれほど多くの著書はないが、作家の小山いと子が執筆した『**皇后さま**』（主婦の友社、一九五六年）が綿密な取材に基づいて書かれた小説で、その人となりを知るのに参考となる。また、ノンフィクションとして工藤美代子『**香淳皇后**』（中央公論新社、二〇〇〇年、二〇〇六年文庫化）もある。

美智子皇后については、石田あゆう『**ミッチー・ブーム**』（文春新書、二〇〇六年）が「ご成婚」時の女性週刊誌を中心とするメディアの問題と絡めて、ブームとなっていく過程を描き出している。森暢平「**ミッチー・ブーム、その後**」（河西秀哉編『戦後史のなかの象徴天皇制』吉田書店、二〇一三年）は、ブームが去って行く状況などをやはりメディアの検討を通じて明らかにする。河西秀哉「**美智子皇后論**」（吉田裕・瀬畑源・河西秀哉編『平成の天皇制とは何か』岩波書店、二〇一七年）は、コンパクトに近年までの美智子皇后の思想や行動を見通した研究である。なお、美智子『**橋をかける**』（すえもりブックス、一九九八年、二〇〇九年文庫化）などの本人による講演、安野光雅『**皇后美智子さまのうた**』（朝日新聞出版、二〇一四年）などの詠んだ歌などからは、彼女の思想を垣間見ることもできるだろう。

（河西　秀哉）

◎参考文献

はじめに

堀口　修『関東大震災と皇室・宮内省』創泉堂出版、二〇一四年

第一章　近代化のなかでの皇后

今泉宜子『明治日本のナイチンゲールたち―世界を救い続ける赤十字「昭憲皇太后基金」の一〇〇年』扶桑社、二〇一四年
打越孝明『御歌とみあとでたどる 明治天皇の皇后 昭憲皇太后のご生涯』ＫＡＤＯＫＡＷＡ／中経出版、二〇一四年
小田部雄次『昭憲皇太后・貞明皇后』ミネルヴァ書房、二〇一〇年
オットマール・フォン・モール『ドイツ貴族の明治宮廷記』新人物往来社、一九九八年（二〇一一年に講談社学術文庫にて再刊）
片野真佐子『皇后の近代』講談社、二〇〇三年
宮内庁編『明治天皇紀』第一～第一二、吉川弘文館、一九六八～七五年
橋本義彦「皇太后の追号」『日本歴史』六三一号、二〇〇〇年
原　武史『皇后考』講談社、二〇一五年（二〇一七年に講談社学術文庫にて再刊。後掲も同じ）
日野西資博『明治天皇の御日常―臨時帝室編修局ニ於ケル談話速記』新学社教友館、一九七六年
真辺美佐「昭憲皇太后の教育奨励に関する再検討」『明治聖徳記念学会紀要』五〇号、二〇一三年
明治神宮監修『昭憲皇太后実録』上・下・別巻、吉川弘文館、二〇一四年
山川三千子『女官』実業之日本社、一九六〇年（二〇一六年に講談社学術文庫にて再刊）
米田雄介・岩壁義光・真辺美佐・打越孝明「明治天皇の皇后とその時代―『昭憲皇太后実録』を読み解く」『神園』一二号、二〇一四年

コラム　戦前の皇室財産――天皇家の三つの財布

池田さなえ「明治二〇年代における皇室財産運営の特徴及びその変容―御料鉱山を素材として」『史林』九七巻五号、二〇一四年
同「近代皇室の土地所有に関する一考察―北海道御料地除却一件を事例として」『史学雑誌』一二五編九号、二〇一六年
加藤祐介「大正デモクラシー状況への皇室の対応―御料地争議における天皇制イデオロギーの噴出」『歴史学研究』九二七号、二〇一五年
同「戦間期の皇室財政―政治過程に着目して」『史学雑誌』一二四編一一号、二〇一五年
川田敬一『近代日本の国家形成と皇室財産』原書房、二〇〇一年
同「近代皇室の社会的役割に関する基礎的研究―宮内公文書館所蔵『恩賜録』を中心として―」『日本学研究』一七号、二〇一四年
宮内庁編『明治天皇紀』第八、吉川弘文館、一九七三年
黒田久太『天皇家の財産』三一書房、一九六六年
御料局庶務課編『増訂　御料局處務要録』御料局庶務課、一九〇四年
森　暢平『天皇家の財布』新潮社、二〇〇三年

第二章　貞明皇后の思考と行動――裕仁との関係から

浅見雅男『闘う皇族』角川書店、二〇〇五年
同『皇太子婚約解消事件』角川書店、二〇一〇年
荒井裕樹『隔離の文学』書肆アルス、二〇一一年
伊藤之雄『昭和天皇と立憲君主制の崩壊』名古屋大学出版会、二〇〇五年
遠藤興一『天皇制慈恵主義の成立』学文社、二〇一〇年
小田部雄次『昭憲皇太后・貞明皇后』ミネルヴァ書房、二〇一〇年
片野真佐子『皇后の近代』講談社、二〇〇三年
黒沢文貴『大戦間期の宮中と政治家』みすず書房、二〇一三年

関谷衣（子）「皇太后様の御ことども」『婦人之友』四五巻七号、一九五一年
永井　和『青年君主昭和天皇と元老西園寺』京都大学学術出版会、二〇〇三年
西田彰一「筧克彦の皇族論について」『立命館大学人文科学研究所紀要』一〇七号、二〇一六年
原　武史『可視化された帝国』みすず書房、二〇〇一年
　同　『皇后考』講談社、二〇一五年
古川隆久『大正天皇』吉川弘文館、二〇〇七年
堀口　修「関東大震災と貞明皇后」『大正大學研究紀要』九七号、二〇一二年

第三章　皇太子妃良子の登場——国民教化と大衆人気のはざま

浅見雅男『闘う皇族』角川書店、二〇〇五年
猪狩史山編「中酉回瀾録」国会図書館憲政資料室蔵、一九二一年
伊藤之雄「原敬内閣と立憲君主制—近代君主制の日英比較」（二）『法学論叢』一四三巻五号、一九九八年
上野秀治「続・明治期における東宮妃選定問題」『史料：皇学館大学史料編纂所報』一二一号、一九九二年
大竹秀一『天皇の学校—昭和の帝王学と高輪御学問所』文藝春秋、一九八六年
大町桂月・猪狩史山『杉浦重剛先生』政教社、一九二四年
小田部雄次『皇族に嫁いだ女性たち』角川学芸出版、二〇〇九年
楠谷　遼「マスメディアにおける天皇・皇族写真」河西秀哉編『戦後史のなかの象徴天皇制』吉田書店、二〇一三年
黒沢文貴『大戦間期の宮中と政治家』みすず書房、二〇一三年
小山いと子『皇后さま』主婦の友社、一九五六年
小山　亮「一九二一年裕仁皇太子外遊と視覚メディア」『人民の歴史』一九八号、二〇一三年
高倉徹一編『田中義一伝記』下巻、田中義一伝記刊行会、一九六〇年
東京市編『御成婚と精神作興』帝都復興叢書刊行会、一九二四年
原田隆知編『良子女王殿下御生立』文盛堂・隆盛堂、一九二四年

森　暢平「大正期における女性皇族像の転換―良子女王をめぐる検討」『成城文藝』二三六号、二〇一六年
渡辺克夫「宮中某重大事件―杉浦重剛の役割」『日本学園高等学校研究紀要』六集、一九九二年
同「宮中某重大事件の全貌―昭和天皇のお妃選びをめぐる暗闘」『THIS IS 読売』四巻一号、一九九三年

第四章　総力戦体制のなかの国母・皇后

伊藤之雄『昭和天皇と立憲君主制の崩壊』名古屋大学出版会、二〇〇五年
牛島秀彦『ノンフィクション天皇明仁』河出書房新社、一九九〇年
片野真佐子『皇后の近代』講談社、二〇〇三年
川島高峰『銃後』読売新聞社、一九九七年
河西秀哉『近代天皇制から象徴天皇制へ』吉田書店、二〇一八年
茶谷誠一『昭和戦前期の宮中勢力と政治』吉川弘文館、二〇〇九年
原　武史『皇后考』講談社、二〇一五年
古川隆久『昭和天皇』中央公論新社、二〇一一年
見出寿美子『野口幽香の生涯』キリスト教新聞社、一九七四年

コラム　天皇家のメディア表象

北原　恵「皇室の出産・生殖をめぐる表象分析」田中真砂子他編『国民国家と家族・個人』早稲田大学出版部、二〇〇五年
同「元旦新聞にみる天皇一家像の形成」『性の分割線』青弓社、二〇〇九年

第五章　象徴天皇制への転換と香淳皇后

牛島秀彦『ノンフィクション天皇明仁』河出書房新社、一九九〇年
エリザベス・グレイ・ヴァイニング『皇太子の窓』文藝春秋新社、一九五三年
河西秀哉『「象徴天皇」の戦後史』講談社、二〇一〇年

北原　恵「正月新聞に見る〈天皇ご一家〉像の形成と表象」『現代思想』一九巻六号、二〇〇一年
瀬畑　源「象徴天皇制における行幸」河西秀哉編『戦後史のなかの象徴天皇制』吉田書店、二〇一三年
原　武史『皇后考』講談社、二〇一五年

コラム　皇后と行啓

片野真佐子『皇后の近代』講談社、二〇〇三年
河西秀哉「美智子皇后論―そのイメージと思想・行動」吉田裕・瀬畑源・河西秀哉編『平成の天皇制とは何か』岩波書店、二〇一七年
小菅信子「博愛社から日本赤十字社へ」黒沢文貴・河合利修編『日本赤十字社と人道援助』東京大学出版会、二〇〇九年
瀬畑　源「象徴天皇制における行幸」河西秀哉編『戦後史のなかの象徴天皇制』吉田書店、二〇一三年
原　武史『皇后考』講談社、二〇一五年
若桑みどり『皇后の肖像―昭憲皇太后の表象と女性の国民化』筑摩書房、二〇〇一年

第六章　香淳皇后と美智子妃の連続と断絶

朝日新聞出版編『皇后美智子さま傘寿記念写真集』朝日新聞出版、二〇一四年
荒垣秀雄『世相の風土』要書房、一九五三年
石田あゆう『ミッチー・ブーム』文藝春秋、二〇〇六年
河西秀哉「象徴天皇制・天皇像の定着―ミッチー・ブームの前提と歴史的意義」『同時代史研究』一号、二〇〇八年
同　「美智子皇后論」吉田裕・瀬畑源・河西秀哉編『平成の天皇制とは何か』岩波書店、二〇一七年
宮廷記者団編『天皇』東洋経済新報社、一九五五年
熊本日日新聞社写真部撮影『肥後路の皇太子ご夫妻』熊本日日新聞社、一九六二年
坂本佳鶴恵「戦後婦人雑誌の皇族写真をめぐって―一九五〇～一九七三年『主婦の友』の口絵/グラフを中心に」『お茶の水女子大学人文科学研究』一一号、二〇一五年

田中徳・阿部豊・宍倉恒孝『宮内庁』朋文社、一九五七年
日本赤十字社近畿七府県連合支部編『日本赤十字社近畿七府県支部連合社員大会並びに御親授式記念誌』日本赤十字社近畿七府県連合支部、一九五五年
松下圭一「大衆天皇制論」『中央公論』七四巻五号、一九五九年
宮崎県編『皇太子ご夫妻行啓誌』宮崎県、一九六三年
森　暢平「ミッチー・ブーム、その後」河西秀哉編『戦後史のなかの象徴天皇制』吉田書店、二〇一三年
同　「メディア天皇制論―『物語』としての皇室報道」吉田裕・瀬畑源・河西秀哉編『平成の天皇制とは何か』岩波書店、二〇一七年

コラム　ウェディングドレス

青木淳子『近代皇族妃のファッション』中央公論新社、二〇一七年
皇室皇族聖鑑刊行会編『皇室皇族聖鑑　明治篇』帝国通信社、一九三三年
坂井妙子『ウエディングドレスはなぜ白いのか』勁草書房、一九九七年
婦人画報社編『皇族画報　摂政宮殿下御成婚記念』東京社、一九二四年
別冊宝島編集部編『美智子さま品のある素敵な装い58年の軌跡』宝島社、二〇一七年
『世紀のロイヤルウェディング　皇太子殿下と雅子さま』学習研究社、一九九三年

第七章　高度経済成長期の香淳皇后と美智子妃

河西秀哉『明仁天皇と戦後日本』洋泉社、二〇一六年
同　「美智子皇后論」吉田裕・瀬畑源・河西秀哉編『平成の天皇制とは何か』岩波書店、二〇一七年
河原敏明『良子皇太后―美智子皇后のお姑さまが歩んだ道』文藝春秋、二〇〇〇年
岸田英夫「良子皇太后の取材二十五年」『アサヒグラフ緊急増刊　良子皇太后九七年のご生涯』二〇〇〇年七月五日号
楠田實編『佐藤政権・二七九七日』下巻、行政問題研究所、一九八三年

工藤美代子『香淳皇后』中央公論新社、二〇〇〇年
後藤致人『昭和天皇と近現代日本』吉川弘文館、二〇〇三年
高瀬広居『皇后さまの微笑』山手書房、一九八三年
高橋紘・鈴木邦彦編著『陛下、お尋ね申し上げます』現代史出版会、一九八二年
冨永　望『象徴天皇制の形成と定着』思文閣出版、二〇一〇年
波多野勝『裕仁皇太子ヨーロッパ外遊記』草思社、二〇一二年
原　武史『昭和天皇』岩波書店、二〇〇八年
同　『皇后考』講談社、二〇一五年
舟橋正真「昭和天皇訪米決定の政治過程」『歴史学研究』九〇八号、二〇一三年
同　「昭和天皇の外遊とその晩年」古川隆久・森暢平・茶谷誠一編『「昭和天皇実録」講義』吉川弘文館、二〇一五年
同　「皇室外交とは何か」吉田裕・瀬畑源・河西秀哉編『平成の天皇制とは何か』岩波書店、二〇一七年
保阪正康『昭和天皇』下、中央公論新社、二〇〇八年
松山幸雄「アメリカの反響　静かなる紳士」朝日新聞社編『天皇のアメリカ　ご訪米記念写真集』朝日新聞社、一九七五年
森　暢平「新資料にみる昭和天皇・ニクソン会談」『コミュニケーション紀要』一八輯、二〇〇六年
同　「ミッチー・ブーム、その後」河西秀哉編『戦後史のなかの象徴天皇制』吉田書店、二〇一三年
渡辺　治『戦後政治史の中の天皇制』青木書店、一九九〇年
渡辺みどり『皇太后良子さま』読売新聞社、一九九六年

第八章　発信する「国民の皇后」

加瀬英明「皇太子殿下に敢えて諫言申し上げます」『WILL』二号、二〇〇五年
ケネス・ルオフ『国民の天皇』岩波現代文庫、二〇〇三年
堤堯・久保紘之「雅子妃は家風に馴染めない嫁だ」『WILL』四二号、二〇〇八年
西尾幹二「皇太子さまに敢えて御忠言申し上げます」『WILL』四一号、二〇〇八年a

同　「皇太子さまへの御忠言　第2弾!」『WILL』四二号、二〇〇八年b
同　「これが最後の皇太子さまへの御忠言」『WILL』四四号、二〇〇八年c
美智子『橋をかける　子供時代の読書の思い出』すえもりブックス、一九九八年
渡辺允「『良き日本』の象徴—天皇皇后両陛下」『外交フォーラム』二二巻一号、二〇〇九年
「皇后陛下が手向けられた水仙を復興の象徴として」『祖国と青年』三五二号、二〇〇八年

おわりに
高木博志『近代天皇制の文化史的研究　天皇就任儀礼・年中行事・文化財』校倉書房、一九九七年
原　武史『皇后考』講談社、二〇一五年

執筆者紹介

＊配列は執筆順とした

森　暢平（もり　ようへい）	別掲	
真辺美佐（まなべ　みさ）	1972年生まれ	宮内庁書陵部主任研究官
池田さなえ（いけだ　さなえ）	1988年生まれ	京都大学人文科学研究所助教
茂木謙之介（もてぎ　けんのすけ）	1985年生まれ	足利大学講師
河西秀哉（かわにし　ひでや）	別掲	
北原　恵（きたはら　めぐみ）		大阪大学教授
瀬畑　源（せばた　はじめ）	1976年生まれ	長野県短期大学准教授
青木淳子（あおき　じゅんこ）	1959年生まれ	大東文化大学特任准教授
舟橋正真（ふなばし　せいしん）	1982年生まれ	立教大学助教
君塚直隆（きみづか　なおたか）	1967年生まれ	関東学院大学教授
井上　亮（いのうえ　まこと）	1961年生まれ	日本経済新聞編集委員

編者略歴

森　暢平

一九六四年、埼玉県に生まれる

一九九〇年、京都大学文学部卒、毎日新聞社に入社。二〇〇〇年、国際大学大学院国際関係学研究科修士課程修了

現在、成城大学文芸学部教授

〔主要編著書〕

『天皇家の財布』（新潮新書、二〇〇三年）、『「昭和天皇実録」講義』（編著、吉川弘文館、二〇一五年）

河西秀哉

一九七七年、愛知県に生まれる

二〇〇八年、名古屋大学大学院文学研究科人文学専攻博士後期課程修了

現在、神戸女学院大学文学部准教授、博士（歴史学）

〔主要著書〕

『皇居の近現代史』（吉川弘文館、二〇一五年）、『天皇制と民主主義の昭和史』（人文書院、二〇一八年）、『近代天皇制から象徴天皇制へ』（吉田書店、二〇一八年）

皇后四代の歴史

昭憲皇太后から美智子皇后まで

二〇一八年（平成三十）六月一日　第一刷発行

編　者　森《もり》　暢《よう》　平《へい》

河《かわ》　西《にし》　秀《ひで》　哉《や》

発行者　吉　川　道　郎

発行所　株式会社　吉　川　弘　文　館

郵便番号一一三―〇〇三三

東京都文京区本郷七丁目二番八号

電話〇三―三八一三―九一五一〈代〉

振替口座〇〇一〇〇―五―二四四番

http://www.yoshikawa-k.co.jp/

印刷＝株式会社　理想社

製本＝ナショナル製本協同組合

装幀＝伊藤滋章

©Yōhei Mori, Hideya Kawanishi 2018. Printed in Japan

ISBN978-4-642-08333-1

JCOPY 〈(社)出版者著作権管理機構　委託出版物〉

本書の無断複写は著作権法上での例外を除き禁じられています．複写される場合は，そのつど事前に，(社)出版者著作権管理機構（電話 03-3513-6969，FAX 03-3513-6979，e-mail: info@jcopy.or.jp）の許諾を得てください．

「昭和天皇実録」講義 生涯と時代を読み解く

古川隆久・森　暢平・茶谷誠一編　A5判・二三六頁／一八〇〇円

昭和天皇のまさに激動の生涯を描いた『昭和天皇実録』。気鋭の研究者一〇名が、戦前から戦後まで政治、巡幸、日々の生活など多方面からわかりやすく描く。史料的価値と問題点を歴史学の立場から提示した格好の解説書。

皇居の近現代史 開かれた皇室像の誕生（歴史文化ライブラリー）

河西秀哉著　四六判・二四〇頁／一七〇〇円

天皇が居住し、宮中の公務が行われる皇居に、国民が入れるようになったのはいつからか。明治の宮城拝観から戦後の宮殿再建へ。皇居の歴史を辿り、「国民との近さ・親しみ」と「伝統・権威」の間で揺れ動く皇室像を考える。

表象としての皇族 メディアにみる地域社会の皇室像

茂木謙之介著　A5判・三二八頁／八五〇〇円

戦前戦後にかけ、皇族は人びとに如何なる存在として認識されたのか。中央・地方諸メディアに描き出された昭和天皇の弟宮たちの像を、様々な視角から分析。皇族表象のあり方が天皇制と如何に関係したかを追究する。

（価格は税別）

吉川弘文館

明治をつくった人びと 宮内庁三の丸尚蔵館所蔵写真

刑部芳則編　Ａ５判・三六二頁・原色口絵四頁／三四〇〇円

明治天皇に献上するために撮影された写真をまとめた『明治一二年明治天皇御下命人物写真帖』。収録した約四五〇〇人の皇族・政府官員・軍人から、重要人物一〇〇〇人余を抜粋。当時の職・年齢、家格・爵位などを掲載する。

皇族元勲と明治人のアルバム 写真師丸木利陽とその作品

研谷紀夫編　Ａ５判・二〇〇頁／一八〇〇円

明治から大正期に「御用写真師」として活躍し、独自の技法を確立した丸木利陽。皇室・元勲ほか明治を生きた人々の肖像など一四三点を収め、激動の時代を振り返る。写真台紙のロゴ一覧や、丸木に関する関連資料などを付す。

事典 観桜会・観菊会全史 戦前の〈園遊会〉

川上寿代著　Ａ５判・三一四頁／六〇〇〇円

明治政府による条約改正交渉の側面工作として始まった観桜会・観菊会。古より続く花を楽しむ催しは、外交・社交の場として機能し次第に年中行事となる。欧化政策と伝統が融合した戦前の〈園遊会〉の歴史と世界を描く。

（価格は税別）

吉川弘文館